吾乡吾土 引导手册

大山·家

田字格公益◎编

孔學堂書局

图书在版编目（CIP）数据
大山·家 / 田字格公益编 . -- 贵阳 : 孔学堂书局 , 2025. 3. --
(吾乡吾土 / 肖诗坚主编). -- ISBN 978-7-80770-598-7
Ⅰ . P931.2-49
中国国家版本馆 CIP 数据核字第 20241CS049 号

吾乡吾土·引导手册　肖诗坚◎主编
大山·家　田字格公益◎编

责任编辑：朱　辉
装帧设计：潘伊莎
排版制作：潘伊莎
责任印制：张　莹　刘思妤

出版发行：贵州日报当代融媒体集团
　　　　　孔学堂书局
地　　址：贵阳市乌当区大坡路26号
印　　刷：天津联城印刷有限公司
开　　本：889mm×1194mm　1/16
字　　数：180千字
印　　张：8
版　　次：2025年3月第1版
印　　次：2025年3月第1次印刷
书　　号：ISBN 978-7-80770-598-7
定　　价：25.00 元

『吾乡吾土』丛书序

自2017年秋季学期在贵州省正安县田字格兴隆实验小学开启第一堂乡土人本主题课（即乡土主题课前身）始，历经八载的更迭，我们终于完成了“吾乡吾土”丛书的编纂工作，丛书总计14册。在此，我们诚挚地将这份凝聚着上海浦东新区田字格志愿服务社（下称：田字格公益）8年来在乡土人本教育中探索与实践的心血结晶，奉献给所有在乡村教育征途上不懈探索的同行者。

在本丛书中，《吾乡吾土的探索与实践》作为理论、方法和实践核心，为其他图书奠定了坚实的基础；《吾乡吾土指导纲要》则为乡土主题课（下称：乡土课）的整体实施提供了总揽性的指导；“吾乡吾土·引导手册”系列（共4册，下称：“引导手册”）分别针对乡村小学一至四年级的乡土课“大山·家”“山中万物”“山中田事”“山中百居”四大主题，制订了详细的教学指导方案；“吾乡吾土·探索手册”系列（共8册，下称：“探索手册”）则是配套的学生任务单，供学生在实践中记录学习。

这14册图书不仅记录了田字格公益8年来在乡土人本教育领域的艰辛探索，更承载了整个团队对乡村教育的深厚情感与执着追求。它们的珍贵与独特在于其系统性、专业性、实践性和可操作性。

本丛书中的“引导手册”“探索手册”专为贵州省乡村小学一至四年级教师及学生定制，深度贴合乡村生活实际，同时参考国家课程标准，探索跨学科的综合实践教学，且经过贵州省遵义市正安县、务川仡佬族苗族自治县，黔西南布依族苗族自治州兴义市、贞丰县，以及毕节市七星关区等地共计百余所乡村小学的多年实践和多次迭代优化，确保了其内容的广泛适用性和实践性。为简化乡村教师的教学流程，本丛书的“引导手册”包含详尽的学期教学计划、单元计划及教案，并提供配套电子课件。教师接受简单培训，即可依据“引导手册”轻松开展课堂教学。

值得一提的是，“吾乡吾土”丛书虽是基于贵州百余所田字格公益项目学校的实践经验不断优化总结而成，但对中国山区，尤其是西南地区的学校同样适用，教师根据教学实际对“引导手册”和“探索手册”内容进行适当调整，即可应用于自己的教学。

最后，我们深知，尽管我们已倾注全力，但仍有诸多不足。我们衷心希望各位读者能够不吝赐教，提出宝贵建议，帮助我们不断进步与完善。

肖诗坚

2024年11月25日

一、“大山·家”主题介绍

“大山”是贵州山村儿童生长和生活的主要环境，它不仅为山村儿童提供探索的空间，也为山村儿童提供自然的学习课堂，为他们带来乐趣和知识。大山是他们生活的背景，更是他们生活的一部分。“家”则是儿童最熟悉的地方，是低年级儿童生活经验的主要来源。“大山·家”的主题，正是从家出发，从儿童最熟悉的事物出发，从他们的生活出发，通过角色扮演、模拟家庭活动，学习与人相处、表达情感和遵守规则等。类似“过家家”的有目标的体验学习，能让儿童感受到学习的容易和乐趣，从而激发他们主动探索知识的兴趣和动力。另外，从“家”开始的学习，也能够帮助刚入学的一年级同学更好地适应学校生活，促进他们的全面发展。

家是儿童最初接触社会的场所，也是乡村社会生活的基本单元，通过“大山·家”主题的学习，孩子们从家走进村庄，认识村庄，了解村庄，了解自己生活的这块土地上的风土人情，了解乡村社会的邻里关系等，加深孩子们对家乡的认识，培养对家乡文化的认同感和自豪感。

同时，“大山·家”这一主题通过强调“家”的多重意义，帮助孩子们建立起对家庭、家族、家乡乃至国家的深厚情感联结。这种情感联结亦有助于乡村儿童感受到归属与价值，增强自尊心和自信心。

二、适用对象：一年级学生

三、课时安排：40课时（每课时40分钟）

“大山·家”主题课程分为上、下两学期进行教学，每学期各20课时，共40课时。

四、主题目标

“大山·家”主题课程的开展，旨在提升学生的八大核心素养[1]。

（一）勇于探究

学生对课堂活动表现出好奇心和探究兴趣，积极参与观察和探究活动。

（二）实践创新

学生能参与简单的家务劳动、美食制作等活动。

1 “八大核心素养”的来源以及解释，可以参考《吾乡吾土指导纲要》（孔学堂书局2025年版）第一章内容。

学生能发挥创意和想象力，按要求完成设计任务，如彩泥做“大餐”。

（三）沟通合作

学生愿意参与小组合作，尝试运用合作学习约定规则进行交流与合作。

（四）自信分享

学生开始初步学习分享规则，尝试自信地分享自己的观点及学习成果。

（五）乐学善学

学生学习态度较为积极，能主动参与课堂活动。

学生初步掌握“气泡图”的绘制方法。

学生初步学习使用课堂自我评价和评价他人的工具。

（六）乡土认同

通过主题活动，学生能在家乡的自然风光、人文特色中，初步感受家乡的美好，产生对家乡的喜爱之情。

（七）社会责任

学生能产生让家庭、村庄（家乡）更加和谐美好的行动意愿。

（八）审美情趣

学生具有艺术表达和创意表现的兴趣；学生初步具有发现、欣赏、评价美的意识。

五、主题内容

（一）“大山·家”（上）

“大山·家”上学期围绕“家”和“家人”，课程设计了“创建一个‘家’”“学做小当家”“相亲相爱一家人”“我爱我家”四个单元，从家到家人、家事，层层递进。各单元均设计了紧密围绕主题的互动体验活动，以帮助学生建立对家庭的深刻理解，培养他们的家庭责任感和认同感。

“创建一个‘家’”单元：从模拟组建虚拟“家庭”到绘制家庭树，引导学生了解家庭成员。

“学做小当家”单元：通过情景模拟的形式，引导学生学习承担家庭责任，培养责任感。

“相亲相爱一家人”单元：通过引导学生回忆自己真实的家庭生活，引导学生体验家庭成员之间的情感联系。

“我爱我家”单元：引导学生再次思考“家”是什么，“爱”是什么。

（二）“大山 · 家”（下）

“大山 · 家”下学期延续了对“家”概念的探讨，并将视野扩展到“家乡”——村庄，引导学生从更广阔的角度理解和感受家乡。下学期课程由“美丽山村我的家”“我用行动爱家乡”“家是最小国，国是千万家”三个单元组成，旨在通过体验、探索和学习，深化学生对家乡的乃至对国家的情感。

“美丽山村我的家”单元：学生感受家乡的美景、认识家乡的各种美食、了解邻里和睦相处的重要性，珍惜乡村美好环境等，建立起对家乡对村庄的正向认同。

“我用行动爱家乡”单元：学生用自己的画作来展示介绍自己美丽的家乡，用行动爱护家乡，增强对家乡的归属感和责任感。

“家是最小国，国是千万家”单元：学生将对家、家乡的感情进一步升华至朴素的爱国之情。

六、课程资源包

为了给乡土课教师和学生提供全面、系统的支持，实现课程目标，田字格公益为教师和学生提供了一整套教学和学习材料，包括“引导手册”系列、“探索手册”系列以及电子课件等，这些统称为“乡土课程资源包”。

教师需将“引导手册”“探索手册”和电子课件整合使用，以确保教学内容的一致性。同时，教师可根据学校的实际情况以及学生的实际需求，灵活调整教案和活动设计，创造性使用“乡土课程资源包”中的内容。为了保证内容的完整性，每次课都比较紧凑，教师可以根据实际情况灵活增加课时，以保证每次课都能充分开展。

（一）“引导手册”系列

每名教师配备 1 本，作为教学的主要参考。内容包括：

1. 课程介绍：整个学年的教学蓝图，包括主题目标、主题内容、课程评价方式、使用建议等。

2. 单元教学计划：详细介绍了每个单元的教学设计思路、学习目标等。

3. 教案：包括每堂课具体的教学目标、教学重难点、教学建议、教学准备、教学内容等。教案中涉及的视频、图片、音频等资源，教师可通过网络自行搜索下载，也可根据需要替换为近似内容的资源。

4. 教具清单：主题学习所需的教具和材料，包括彩笔、剪刀、卡纸、绘本以及教师需要提前准备的各类材料清单，帮助教师做好课前准备。

5. 学生学期评价量表：用于评估学生在学期的学习进展和成就。

6. 合作学习约定：为了使小组能顺利地完成任务，课程中会教授学生合作技巧（即每次布置任务时提到的合作学习约定），包括“轮流发言”“举手表决”“专注倾听”“分工明确”“达成共识”“做好记录”等。

（二）“探索手册”系列

每名学生配备 1 本，用于课堂活动和课后作业。“探索手册”旨在引导学生积极参与课堂活动、记录学习要点和完成课后任务。

（三）电子课件

电子课件包含多媒体教学材料，如图片、PPT 等，与“引导手册”“探索手册”紧密配合使用，以增强学生的学习体验。

扫描二维码（图 1），填写表单即可获取课件下载方式。

图1：电子课件申领二维码

七、课程建议

（一）课程重点

1. 五步教学法

“五步教学法”是设计乡土课的主要工具[1]，无论是学期教学计划、单元设计、课堂教案设计，都离不开五步教学法的应用。五步教学法包括：体验、学习、创造与行动、分享、联结与升华。

在“大山·家”上学期，“创建一个‘家’”的体验活动中，学生创建模拟家庭，并通过角色扮演的形式了解家庭成员的不同角色；第二单元的“学做小当家”，学生通过模拟“亲戚来家里团聚吃饭”的情境，体验和学习打扫卫生、制订营养搭配均衡的菜单、“采购食材”做“大餐”、基本的待客之道等，让学生学习如何多为家人分担，初步感知家庭生活中的责任；第三单元通过故事绘本的阅读，激发同学们的同理心，让学生感受什么是“爱”，理解家人对我们的爱体现在生活中的各个方面，然后通过“制作爱的心意卡”的行动，向家人表达对他们的爱和感谢；最后的“我爱我家”单元是这个学期所学内容的升华，学生通过诗歌创作来表达自己对“家”和“爱”的理解。

1 详见《吾乡吾土的探索与实践》（孔学堂书局 2025 年版）第四章内容。

在“大山·家”下学期，第一个单元“美丽山村我的家”，通过体验和学习活动，让学生感受家乡的美景、认识家乡的各种美食，建立起对家乡的认同。同时通过情景模拟，让学生认识到，想要让村庄让家乡变得美丽，不仅需要共同维护良好的环境，更需要邻里之间的相互帮助、包容与谦让，才能让“村”这个“大家”更有爱、更美好、更和谐。第二个单元“我用行动爱家乡”则属于创造与行动部分，学生通过“我用画笔绘家乡”，表达对家乡的喜爱；以“爱家乡”和“护家乡”的实际行动，来为家乡做出自己的贡献，进一步提升对家乡的责任意识。“家是最小国，国是千万家”是本学期最后一个主题单元，既是总结也是对前期所学内容的升华。通过今昔照片的对比、学唱《国家》这首歌曲和教师的讲解，学生再次认识家和家乡（村庄），认识到家和家乡的发展变化源于祖国的强大，引导学生从对家、对家乡的爱，升华到对祖国的爱。

2. 用好“家庭小组”

对于一年级学生而言，他们初入小学校园，可能既兴奋又不安。“家”作为他们最熟悉最亲近的社会单元，是他们情感的依托，是他们安全感的来源。因此，以“家”为主题，能够迅速引起学生的情感共鸣，为学习活动的开展打下良好的情感基础。所以，为了强化这种情感氛围，学生组建“家庭”（小组），教师也要习惯性地称之为“家庭小组”。

3. 丰富的体验活动

“大山·家”主题设计了比较多的活动。开展活动时，教师要根据一年级学生的心理特点，结合活动开展的目标，尽可能地丰富活动的体验感，增强活动的趣味性，让活动变得好玩儿，以激发学生的探索欲和参与的兴趣。

4. 跨学科融合

“大山·家”的课程融合语文、美术、道德与法治、综合实践等课程内容，旨在培育学生的跨学科素养。学生将通过角色扮演、小组讨论和艺术创作等形式，了解家人、家庭和村庄，表达爱家、爱家乡和爱祖国的情感。

5. 规则意识的养成

一年级正处于学校教育的起始阶段，这一时期，帮助孩子们养成良好的规则意识至关重要。明确的规则为学生提供了一个有序的学习环境，有助于增强学生的安全感，使他们能够在一个稳定、有序的环境中更好地专注学习和探索。本阶段的所有活动，教师均需要帮助儿童在实践中不断学习和内化规则，逐渐使学生养成自觉遵守规则的好习惯。

（二）课程固定版块

1. 明确活动规则与示范演示

在开展每项活动前，教师应确保每位学生都清楚了解活动规则，必要时教师要进行规则的示范。

2. 课堂的固定内容

课堂固定内容为回顾《乡土开课辞》、回顾课堂规则、回顾户外课堂规则、上节课回顾、本节课总结。

回顾《乡土开课辞》[1]：教师可以和学生一起为《乡土开课辞》编动作[2]，激发学生的学习兴趣。

回顾课堂规则：教师重申课堂规则，确保学生对课堂规则有清晰的认识，并能遵守。

回顾户外课堂约定：外出活动前，均需重申户外课堂的规则要求，以确保学生恪守约定，户外课能顺利开展。

上节课回顾：教师通过提问或游戏的方式，回顾上节课内容，为本次课开展做铺垫。

本节课总结：每个课堂结束前，教师应总结当天的学习内容和学生表现，帮助学生巩固记忆。然后通过引导学生填写“探索手册”中的本课“今日收获”。

3. 总结课版块

每个单元的最后一次课一般包括两个重要活动：绘制“气泡图”，填写“我的成长档案”。

气泡图：简单版的思维导图，便于低年级同学理解和学习。通过绘制“气泡图”，教师引导学生回顾并总结每个单元或学期所学内容。在本学年，学生需能绘制三级主题“气泡图”。

我的成长档案：每个单元或学期结束时，学生填写“我的成长档案”对自己的学习表现进行自我评价，并对小组其他成员进行评价，思考并总结自己和小组伙伴的成长变化。

（三）评价与反馈

课程采用多元的评价方式，旨在帮助教师全面了解学生学习进展，引导学生自我反思和持续成长。

1. 从评价内容的角度，教师可对学生进行鼓励性评价。

（1）小组合作情况：教师可评价学生在小组合作中的表现，如学生是否能做到轮流发言、认真倾听、积极参与小组活动；也可评价小组整体合作情况，如是否做到分工明确、互帮互助、有序组织等。

（2）学生分享情况：教师可对学生的作品或观点给予积极的反馈，如“这幅作品很有想象力”“这个观点很独特”等。

（3）学生参与活动情况：教师可以评价学生参与活动的积极和投入程度，是否遵守规则，以及在

1 《乡土开课辞》的内容阐释，请参考《吾乡吾土的探索与实践》（孔学堂书局 2025 年版）第四章中关于“乡土观”的介绍。

2 《乡土开课辞》的动作编排可参考田字格公益官网“学习园地—课程资源”中的“乡土示范课”。

分享时的礼仪、音量和表达等方面的表现情况。

（4）学生进步情况：评价学生在学习中取得的各方面的进步。

（5）学生遵守课堂规则情况：评价学生是否遵守规则，保持良好的秩序的情况。

（6）学生掌握知识情况：评价学生对知识的掌握情况。

（7）学生填写“探索手册”的质量：可从书写工整程度、作品创意等方面进行评价。

（8）其他：可从学生是否做到勤于思考、专注、用心、有责任心等方面进行评价。

2. 从评价时间的角度，教师可以在三个环节对学生评价。

（1）当堂评价：教师在教学过程中，要及时给予学生正面的反馈和建设性的建议，激励学生不断探索和进步。

（2）单元评价：每个单元结束时，教师和学生均需填写“探索手册”中“我的成长档案”，其包括学生自我评价、小组互评、教师评价三个部分。学生填写时要反思学习的表现和进步，小组同伴需互相看到合作中的亮点和不足。教师根据学生的课堂表现，提供个性化的反馈和建议。

（3）学期评价：本手册中提供了“学生学期评价量表”，教师可将该表复印并张贴在教室中，供学生熟悉评估维度。每个学期末，教师可根据该表综合评价学生整个学期的表现。

（四）教师活动

本手册的课堂教案中有清晰、规范的教师活动的建议，教师可直接使用本手册中内容，也可根据实际情况调整。教师在课堂中的活动必须遵循三个原则：尊重学生；活泼有趣，特别是对于低年级的学生；以鼓励性的语言为主，同时确保表达准确、清晰。

表：教师活动规范说明

教师活动	活动类型	活动说明
教师引入	语言	教师可参考“引导手册”提供的完整性语言，为学生作活动引入
教师介绍	语言	教师可参考电子课件提供的内容，在备课时准备好如何具体表达此部分内容
教师出示	动作	出示内容一般为谜语、图片、范例等。教师可参考“引导手册”提供的关键词，在课前完成下载、制作，并放入电子课件
教师播放	动作	播放内容一般为视频。教师可参考“引导手册”提供的关键词，在课前完成视频准备（下载、课前在班班通上打开）
教师示范表达	语言	教师可参考“引导手册”的示范表达语言，为学生做示范
教师示范动作	动作	教师可参考“引导手册”的动作提示，为学生作动做示范

（续表）

教师活动	活动类型	活动说明
教师组织	动作	教师在组织学生开展活动时（外出、分享、展示、实践、创作、游戏等），应注意以下几个方面： 1. 教师在组织活动时，需和学生明确活动规则，如果有个别学生违反规则，教师需及时提醒该生。如果较多学生违反规则，教师应该暂停活动，重新和学生强调规则，待学生能遵守规则时，再开始活动 2. 教师的音量，应符合活动的要求。比如在创作时，要求学生音量为“1”，教师在巡场指导时，音量也要为“1” 3. 在活动结束后，教师应对活动中小组或者学生表现好的方面给予肯定或鼓励性评价，以引导、培养学生的好习惯
思考与互动	语言	教师通过提问引导学生思考，与学生互动。具体问题可以直接参考本手册。同时，教师需注意以下三点： 1. 提出的问题可以不限于本手册中的问题 2. 教师应鼓励学生认真思考后再对问题进行回应 3. 对于开放性问题，教师可以和学生强调：答案没有对错之分，只要言之成理即可
教师总结 / 小结	语言	教师可参考“引导手册”的语言提示，带领学生做总结

“吾乡吾土”丛书序 …… 1
“大山·家”课程介绍 …… 2

— 大山·家（上）—

乡土课初体验（2课时）…… 002

【第一单元　创建一个“家”】

第1课｜创建一个“家”（2课时）…… 011
第2课｜画画我的家庭树（2课时）…… 016

【第二单元　学做小当家】

第3课｜我是清洁小能手（2课时）…… 023
第4课｜“赶场”去买菜（2课时）…… 028
第5课｜做东设“家宴”（2课时）…… 032
第6课｜“家宴美食”秀（2课时）…… 036

【第三单元　相亲相爱一家人】

第7课｜相亲相爱故事汇（2课时）…… 041
第8课｜爱家人，动起来！（2课时）…… 045

【第四单元　我爱我家】

第9课｜我为我家写首诗（2课时）…… 050

附录1｜“大山·家”（上）教具清单 …… 054
附录2｜“大山·家”（上）学生学期评价量表 …… 055

— 大山 · 家（下）—

乡土课再出发（2 课时）……058

【第一单元　美丽山村我的家】

第 1 课｜ 寻找家乡的春天（2 课时）……067
第 2 课｜ 我的家乡美味多（上）（2 课时）……072
第 3 课｜ 我的家乡美味多（下）（2 课时）……076
第 4 课｜ 邻里友好靠大家（2 课时）……080
第 5 课｜ 山村环境我守护（2 课时）……084
第 6 课｜ 美丽山村诗歌颂（2 课时）……089

【第二单元　我用行动爱家乡】

第 7 课｜ 我用画笔绘家乡（2 课时）……095
第 8 课｜ 我用行动爱家乡（2 课时）……099

【第三单元　家是最小国，国是千万家】

第 9 课｜ 歌唱我的家和国（2 课时）……104

附录 1｜ “大山 · 家”（下）教具清单……108
附录 2｜ “大山 · 家”（下）学生学期评价量表……109
附录 3｜ 合作学习约定汇总……111
致　谢……112

大山·家 | 上

乡土课初体验
（2课时）

一、教学目标

1. 通过教师讲解，学生初步了解乡土课、《乡土开课辞》、音量规则、分享规则以及课堂规则。

2. 在教师引导下，通过“找朋友”的游戏，学生组建本学期的小组。

3. 在教师引导下，通过“举手表决”的方式，各小组确定组长。

二、教学重难点

1. 教学重点：学生学习《乡土开课辞》、适应课时和学习规则。

2. 教学难点：学生组建小组。

三、教学建议

1. 教师根据班级人数情况确定每组人数，每组 4 ～ 6 人为宜，并准备与小组数量匹配的分组卡片。

2. 课前，教师可以预选班级内组织能力较强的学生为组长。

3. 组建小组环节，教师需向学生讲解清楚规则。

四、教学准备

1. 分组卡片：卡片上可以分别写上“乡”“土”“课”“大”“山”“家”等字，在活动的分组环节，拿到相同字卡片的学生即为一组。

2. 教室布置：教师提前将班级桌椅布置成小组围坐的形式[1]。

1　参见《吾乡吾土指导纲要》（孔学堂书局 2025 年版）第五章内容。

3. 动作设计：教师提前编排简单的《乡土开课辞》动作[1]。

4. 课前沟通：教师要提前和自己在班级内预选的有潜力成为组长的学生进行充分沟通。

五、教学内容

本次课共 7 个环节，分别是“走进乡土课”“初识音量规则”“小组初形成”“投票选组长”“小组初亮相”“课堂有规则”“本节课总结”，课程时长 80 分钟（2 课时）。

环节一：走进乡土课（10分钟）

（一）目标

学生初步了解什么是乡土课和《乡土开课辞》。

（二）步骤

1. 教师引入：亲爱的同学们，从今天起，我们将一起踏上一段奇妙的课程之旅。这门课的名字叫作乡土课。“乡”是我们的家乡，“土”是土地，是田野，大山里到处都有土。所以，乡土课就是让我们了解家乡、认识家乡的课。

乡土课和我们平时上的语文课、数学课有什么不同呢？让老师来解答这个问题。

每一次乡土课，都由两节课组成。在乡土课上，同学们将组成合作学习小组，合作完成各种有趣的课堂任务；不同的任务场景，我们还会使用不同的音量规则。

每次课，我们还会一起读一段优美的小诗，它叫《乡土开课辞》。这是专属于我们乡土课的小仪式，能够让我们的课堂更加有趣。

接下来，就让我们走进乡土课，一起探索、学习、成长吧！

大家先跟着老师来读读《乡土开课辞》吧！

【提示】在引入前，教师在黑板上板书“乡土课”。

2. 教师介绍《乡土开课辞》。

树高千丈，叶落归根；惟以家乡，吾生有祥；
里仁为美，祖德流芳；土育万物，乡承文化；
血脉相连，挚爱莫忘；感恩乡土，厚福有望。

3. 教师诵读《乡土开课辞》。

4. 教师组织学生诵读《乡土开课辞》，并把提前创编好的动作教给学生。

【提示】

①每次课程开始时，全员需诵读《乡土开课辞》。

---

1 《乡土开课辞》的动作编排可参考田字格公益官网“学习园地—课程资源”中的“乡土示范课”。

②在诵读过程中，教师可简单介绍《乡土开课辞》大意，适当加入配合节奏和内容的动作。

环节二：初识音量规则（10分钟）

（一）目标

通过本环节，学生初步了解乡土课中的音量规则，为本学期的学习活动开展做铺垫。

（二）步骤

1. 教师引入：为了更加顺利地完成课堂活动，我们所有人在参与活动时，都要使用合适的音量，接下来我们一起来了解一下音量规则吧！

2. 教师介绍乡土课音量规则。

（1）“0”：无声（倾听和自主创作时）。

（2）“1”：小声，即耳语（两人小声交流时）。

（3）“2”：轻声细语，组内能听到（小组合作时）。

（4）“3”：大声洪亮，全班能听清楚（分享时）。

3. 教师示范：教师可以用不同的音量说出学生的名字，让学生感受音量的变化。然后，请学生抽一个数字，并用对应的音量说出自己的名字。

环节三：小组初形成（20分钟）

（一）目标

通过“找朋友”的游戏，学生组建学期小组，为本学期开展小组活动做铺垫。

（二）步骤

1. 教师介绍任务及规则：找朋友。

（1）每人抽取一张小卡片。

（2）走动起来，同学之间互相看看拿到的卡片上写的是什么。

（3）持有相同卡片内容的同学就走到一起，手拉手。

（4）音量不超过“2”，时长 10 分钟。

2. 教师分发卡片：教师可以组织学生随机抽取卡片或者直接把卡片发给学生。

3. 教师组织学生找“朋友”：提示全员以不超过“2”的音量，走到拿有和自己卡片内容一样的同学身边，手拉手站在一起，组成小组。

4. 教师组织新的小组坐在小组座位上，并宣布小组成立。

【提示】

①教师组织活动参考语言：在这个活动中，每位同学都会拿到一张神秘的小卡片。请仔细听好规则：当老师宣布“开始”时，请大家用“2”或者“2”以下的音量，在教室里自由走动，去找拿有和

自己一样卡片内容的同学。一旦找到，就和他们手拉手站在一起。记得，我们要尽量保持“2”或者“2”以下的音量，不影响其他同学，展现出我们的合作精神和倾听技巧。准备好了吗？让我们开始吧！

②在学生走动的过程中，教师可以击打鼓点，请学生跟随鼓点调整步速，停止或走动。

③教师对活动中学生的表现，可给予及时点评和鼓励，如是否遵守音量规则、积极互助等方面。

④教师如果已经预选了组长，可以把标有星号的小卡片发给他们，请他们亮出卡片并介绍自己，然后站在教师周围。之后，教师再组织其他同学抽取卡片，请他们以不超过“2”的音量寻找和自己卡片内容一样的预备组长，站在他们身边，形成小组。

⑤小组成立后，教师可以指定小组坐的位置。如果有些同学想要拿原来座位上的笔和本子，教师可以集中给大家2分钟的时间，提示大家以“1”的音量拿东西。

环节四：投票选组长（15分钟）

（一）目标

通过小组讨论，学生选出组长，为本学期开展小组活动做铺垫。

（二）步骤

1. 教师引入：组长是老师的小助手，主要任务是协助老师开展活动、维持小组纪律、帮助小组的同学更好地完成任务。所以我们每个小组要选出一位组长。由于同学们之间相互还不太熟悉，所以老师给每组提名了一位组长。

2. 教师出示：建议组长名单。

【提示】鉴于一年级学生刚开始学习旅程，为了简化第一学期的课堂操作并确保活动的顺利进行，建议老师指定几位预备组长。通过下一个小任务，小组投票决定预备组长是否成为正式组长。

3. 教师介绍任务及规则：选组长。

（1）如果同意就举手，如果不同意就不举手。

（2）如果大多数人同意，预备组长就可以成为组长了。

（3）遵守合作学习约定：“举手表决”。

举手表决	
该怎么做？	该怎么说？
①同意举手 ②不同意则不举手	①我同意，我举手 ②我不同意，我不举手

4. 教师示范：教师走到一个小组前，扮演组员的角色：“同意田小格做我们组组长的同学请举手。”“我们组有5位同学举手表示同意，少数服从多数，田小格成为我们组的组长。”

5. 教师组织小组依次完成任务。

6. 教师宣布各组组长名单。

【提示】本环节，教师需先让学生明白什么是“举手表决”。鉴于一年级学生刚接触规则，教师可以依次指导小组完成任务。如果学生能较好地掌握并遵守“举手表决”，则几个小组可以同时完成该任务。教师也可以不提出预备组长，让小组自己举手投票选出组长。

环节五：小组初亮相（15分钟）

（一）目标

通过小组亮相，学生初步熟悉分享礼仪与倾听规则。

（二）步骤

1. 教师引入：现在，我们各小组的组长都选好了，那就请各组长带上组员一起上台亮相，给大家介绍一下小组成员吧!

2. 教师发布任务：小组初亮相。

分享礼仪：

（1）从讲台一边上台，另一边下台。

（2）所有人站定后，小组成员一起鞠躬后说：“大家好，我们是……组”。组长介绍自己“我是组长……”后，组员依次介绍自己“我是组员……”。所有人介绍完毕后，小组成员一起说：“谢谢大家！”

（3）音量为“3”。

倾听规则：

（1）每组分享完毕后，倾听者及时把掌声送给分享者。

（2）音量为“0”。

3. 教师示范小组如何上台亮相。

4. 教师组织各小组依次上台亮相。

【提示】

①分享环节，教师需引导台下学生注意倾听；分享完毕后，及时向分享小组给予反馈，比如声音是否洪亮、吐字是否清楚、有没有遵守规则等。

②若班级人数、小组数较多，教师可视实际时间，选取部分小组进行分享。

5. 教师小结：恭喜各小组成立！希望组长能带领着组员在乡土课中有更好的表现。

6. 教师组织组长带着卡片走到台上，请学生将卡片上的字拼一拼。

7. 教师总结：同学们，这些字拼在一起组成的是“乡土课大山家”，“大山·家”就是我们本学期乡土课的主题，你记住了吗?

环节六：课堂有规则（5分钟）

（一）目标

学生初步熟悉课堂规则。

（二）步骤

1. 教师引入：同学们，在乡土课上，我们除了要遵守音量规则、合作学习约定、分享礼仪和倾听规则之外，还有三条基本的课堂规则需要遵守。

2. 教师介绍课堂规则：课前准备好、发言要举手、桌椅轻拿放。

【提示】

①教师可以根据实际情况调整课堂规则的内容，需对课堂规则做详细解释，如课前准备需要准备好《大山·家（上）》（探索手册）、笔、橡皮等；示范如何轻拿轻放凳子等。

②每次课，教师都要带领学生回顾课堂规则。

3. 教师组织学生齐读课堂规则。

环节七：本节课总结（5分钟）

1. 教师总结今日所学：今天，我们一起踏上了乡土课之旅，知道了乡土课上需要遵守的音量规则；我们组建了本学期的小组，通过“举手表决”选出了各组的组长，每个小组都上台亮相，介绍了自己；我们还一起拼出了本学期乡土课的主题。为了让我们更好地享受乡土课的旅程，我们还学习了课堂规则。让我们一起期待下一次的乡土课吧！

2. 教师组织学生填写“探索手册”中对应课程的“今日收获”。

【提示】教师在学生填写前，可提示学生如下内容。

①一笔一画，认真工整地写每一个字。

②爱惜手册，保存好手册，不乱涂乱画。

③不会写的字可以用拼音代替。

六、参考板书

今日主题：乡土课初体验　　　　日　期：　年　月　日

学期主题：大山·家

第一单元
创建一个“家”

一、单元设计思路

“创建一个‘家’”是“大山·家”主题上学期的第一个单元，属于五步教学法中的“体验”和“学习”环节。本单元包含两次课，在“创建一个‘家’”中，学生将以小组为单元，创建模拟家庭，通过角色扮演的形式了解家庭成员的不同角色；在“画画我的家庭树”中，学生将通过绘制家庭树的形式，呈现自己真实生活中的家庭结构。

二、单元跨学科设计

本单元主要涉及语文、美术、综合实践三门学科。

三、单元目标

（一）沟通合作

1. 学生进一步熟悉“轮流发言”“举手表决”等合作学习约定。
2. 学生能围绕特定主题或任务，用“2”的音量开展合作学习。

（二）审美情趣

学生能使用绘画工具，发挥创意，绘制准确又富有想象力的家庭树。

（三）自信分享

1. 学生能努力克服害羞、胆怯的心理，上台分享。
2. 学生能按照课堂分享规则上台分享。

（四）乐学善学

1. 学生能积极参与课堂互动、小组讨论等不同类型的学习活动。

2. 学生能够通过填写“我的单元成长档案”进行自我评价和小组互评。

四、单元课程目录

第 1 课　创建一个“家”（2 课时）

第 2 课　画画我的家庭树（2 课时）

五、相关概念

家庭：以婚姻和血统关系为基础的社会单位，包括父母、子女等共同生活的亲属。

第 1 课 创建一个“家”（2 课时）

一、教学目标

1. 通过“轮流发言”“举手表决”的方式，学生能确定“家庭”小组的名称和成员的“家庭”身份，成功创建虚拟“家庭”。

2. 通过分享小组讨论结果，学生进一步熟悉分享规则。

二、教学重难点

1. 教学重点：学生能确定小组名称及成员角色身份，成功创建“家庭”。

2. 教学难点：学生能遵守合作学习约定。

三、教学建议

如班级所有小组同时开展“创建‘我的家庭’”有难度，教师可依次指导每个小组完成该任务。

四、教学准备

1. 分组卡片：教师根据班级小组数量，准备如爸爸、妈妈、爷爷、奶奶等家庭成员卡，在活动的分组环节，分发给各小组。

2. 教室布置：教师提前将班级桌椅布置成小组围坐的形式。

3. 课前沟通：活动前，教师可单独与班级里的单亲家庭学生、孤儿或其他家庭有特殊情况的学生说明本课内容，了解他们的想法和感受，针对这些学生做一些课程调整。

4. 课件准备：熟悉活动配套的电子课件。

五、教学内容

本次课有5个环节，分别是“上节课回顾”“读故事”“创建‘我的家庭’”“‘家人’齐亮相”“本节课总结”，课程时长80分钟（2课时）。

环节一：上节课回顾（5分钟）

1. 齐诵《乡土开课辞》。

2. 教师组织学生回顾课堂规则。

3. 教师组织学生回顾上节课主要内容。

环节二：读故事（15分钟）

（一）目标

通过共读故事，学生结合故事内容和自己的生活经验，说出家庭成员的称呼，比如爸爸、妈妈、爷爷、奶奶等。

（二）步骤

1. 教师讲述《小飞的故事》。

在一个遥远的森林里，住着一只活泼可爱的小鸟，名叫小飞。一天，小飞在森林的边缘遇到了美丽的小丽。小丽是一只温柔聪明的小鸟。两只小鸟很快就坠入了爱河，并决定在一棵大树上共筑鸟巢，开始他们甜蜜的家庭生活。

不久之后，小飞和小丽迎来了他们的第一个孩子，一个活泼可爱的小男孩，他们给他取名叫小明。于是，小飞成了一位幸福的爸爸，而小丽则成为了一位慈爱的妈妈。

随着时间的流逝，小明渐渐长大，长成了一只英俊的小鸟。他在森林中结识了美丽的小美。小明和小美相爱并结婚了。

不久，小明和小美也有了他们的第一个孩子，一个可爱的小女孩，他们给她取名叫小云。小云的到来让整个家庭充满了欢声笑语。小飞看着自己的孙女，感到非常幸福，他知道自己已经成了一位慈祥的爷爷，而小丽也成了一位和蔼的奶奶。

小飞一家人都快乐幸福地生活在同一棵大树上。

2. 思考与互动。

（1）小飞家里有哪些家庭成员？

（2）你家里有哪些家庭成员？

3. 教师总结：大家说得都很好，家庭成员有爸爸、妈妈、爷爷、奶奶、外公、外婆、兄弟姐妹等等，他们都是我们的家人。

环节三：创建“我的家庭”（20分钟）

（一）目标

学生遵守小组合作学习约定“轮流发言”，在小组内创建“我的家庭”。

（二）步骤

1. 教师介绍任务及规则：创建“我的家庭”。

（1）在组长的组织下，创建“家庭”。

（2）每位同学选择扮演家庭中的成员，比如爸爸、妈妈、爷爷、奶奶、弟弟、哥哥等，组成一个“多口之家”。

（3）音量为“2”，时长10分钟。

（4）遵守合作学习约定：“轮流发言”。

轮流发言	
该怎么做？	该怎么说？
一次只有一个人发言	组员：我扮演的家庭成员是……（爸爸/妈妈等） 组长：轮到你发言了

2. 教师示范：教师走到一个小组前，扮演组长：“现在请某某同学发言，其他同学先认真听，等他说完后再发言。”该同学说完“我扮演的家庭成员是……”后，教师邀请下一位同学发言：“现在轮到某某同学发言了。”教师可以提前指定发言顺序（如顺时针等）。

3. 教师组织小组讨论。

4. 教师介绍任务及规则：为“家庭”取名。

（1）每个小组为自己的“家庭”取名，比如“苹果家”。

（2）音量为“2”，时长10分钟。

（3）遵守合作学习约定：“轮流发言”“举手表决”。

轮流发言	
该怎么做？	该怎么说？
一次只有一个人发言	组员：我觉得家庭叫…… 组长：轮到你发言了
举手表决	
该怎么做？	该怎么说？
①同意举手 ②不同意则不举手	①我同意，我举手 ②我不同意，我不举手

5. 教师组织示范：教师选择一个小组，带领该组组长和组员，向全班同学示范“轮流发言”“举

手表决”。

6. 教师组织小组为“家庭”取名。

【提示】

①小组讨论环节需要在规定时间内完成，教师可以利用计时器设置提醒，并在仅剩5分钟和1分钟时额外提醒。

②教师可以在讨论前示范“2”的音量，并在讨论中及时提醒音量超过“2”的小组。

环节四：“家人”齐亮相（35分钟）

（一）目标

学生能按照分享礼仪和规则介绍“家庭”和“家庭成员”。

（二）步骤

1. 教师介绍任务及规则：“家人”齐亮相。

分享礼仪：

（1）从讲台一边上台，另一边下台。

（2）等所有人站定，小组成员一起鞠躬后说：“大家好，我们是……家。”“家庭成员”依次介绍自己。如：“我是王小五，我是哥哥。”所有人介绍完毕后，小组成员一起说：“谢谢大家！”

（3）音量为“3”。

倾听规则：

（1）每组分享完毕后，及时把掌声送给分享者。

（2）音量为“0”。

2. 教师组织各小组确定分享顺序。

【提示】对于人数多或组数多的班级，教师可根据实际时间确定小组分享名额，如通过自愿举手、猜拳、点兵点将等方法抽选分享小组。

3. 教师组织各小组依次上台分享。

【提示】分享时，“家庭成员”一起上台，遵守上台分享礼仪；教师从音量、礼仪、分享内容等方面做肯定及鼓励性点评。

4. 教师小结：家是由很多个家庭成员共同组成的，有三口之家，也有六口之家。

5. 思考与互动：你认为家是什么？家庭是什么呢？

6. 教师总结：“家”在我们的文化里有好几种意思。“家”可以说是我们生活、成长或者是与亲人共同居住的地方，也可以指我们家庭成员之间的亲情和关系。“家庭”，指的是由爸爸、妈妈、兄弟姐妹和爷爷、奶奶、外公、外婆等组成的团体，“家庭”是一个家的具体形态。刚才我们通过组建“家庭”，初步带领同学们理解“家”。此后，我们还要继续学习，进一步理解到底什么是“家”。

环节五：本节课总结（5分钟）

1. 教师总结今日所学：今天，我们阅读了《小飞的故事》，知道了爸爸、妈妈、爷爷、奶奶等家庭成员都是我们的家人。之后，我们和小组成员一起创建了我们的“家庭”，还给我们的“家庭”取了好听又有趣的名字。在上台亮相后，每个“家庭”之间都相互认识了。我们发现，家的人数可能不同，但都是我们温暖的家。

2. 教师组织学生填写“探索手册”中对应课程的“今日收获”。

六、参考板书

今日主题：创建一个“家”　　　　日　期：　　年　　月　　日

家庭成员

爷爷、奶奶、外公、外婆、爸爸、妈妈、哥哥、姐姐 、弟弟、妹妹……

第2课 画画我的家庭树（2课时）

一、教学目标

1. 通过观察“小飞的家庭树”，学生能够理解家庭树，简单画出自己家的家庭树。

2. 在“共赏家庭树”环节，学生尝试遵守“轮流发言”“专注倾听”的合作学习约定，分享、欣赏家庭树作品。

二、教学重难点

1. 教学重点：学生能绘制家庭树。

2. 教学难点：学生能填写“我的单元成长档案”。

三、教学建议

1. 在组织小组内分享时，教师可先找一个小组示范“如何在小组内轮流介绍自己的家庭树作品”。

2. 若所有小组同时开展分享环节有困难，教师可以依次指导家庭小组完成。

3. 若班级人数比较少，教师可以邀请学生依次到台上分享作品。

4. 在单元总结环节，学生首次接触“我的单元成长档案”，填写时会有一定困难。教师可进行逐项解释，确保学生能理解每一项的填写要求。

四、教学准备

工具：彩笔，每组 1 ~ 2 盒。

五、教学内容

本次课共 4 个环节，分别是“上节课回顾”“画画我的家庭树”“共赏家庭树”“我的单元成长档案”，课程时长 80 分钟（2 课时）。

环节一：上节课回顾（5分钟）

1. 齐诵《乡土开课辞》。

2. 教师组织学生回顾课堂规则。

3. 教师组织学生回顾上节课主要内容。

环节二：画画我的家庭树（35分钟）

（一）目标

通过案例示范，学生能够发挥想象力和创造力，绘制出自己家的家庭树。

（二）步骤

1. 教师引入：上次课，我们一起阅读了《小飞的故事》。同学们还记得小飞家里都有谁吗？有爸爸、妈妈、爷爷、奶奶……最初小飞只是一只鸟，后来小飞有了好多家人！他的家像一棵大树，家人像大树的枝干一样连在一起。等以后孩子长大、结婚生子，家这棵大树还会继续生长。老师把小飞的家庭树画了出来，还顺便找来了其他人的家庭树。请大家睁大眼睛，仔细观察一下这些家庭树都有什么。然后，我们也来画画自己的家庭树。

2. 教师介绍任务及规则：画画我的家庭树。

（1）请发挥想象力，尝试画出你的家庭树。

（2）可以选择画小组的家庭树，也可以画自己家的家庭树。

（3）先用铅笔打底稿，画好了，再用彩笔美化。

（4）音量为“1”，时长 30 分钟。

3. 教师发放绘画工具。

4. 教师组织学生在“探索手册”上绘制家庭树。

【提示】每个学生画画进度不一，教师可以建议先完成的学生美化家庭树，比如在空白处增加自己喜欢的元素。

环节三：共赏家庭树（20分钟）

（一）目标

各小组有序介绍家庭树作品。

（二）步骤

1. 教师引入：同学们真能干，大家都画好了自己的家庭树。那我们就把自己画的家庭树向小组里的其他同学们分享一下，请大家来欣赏欣赏吧！

2. 教师介绍任务及规则：组内欣赏“我的家庭树”。

（1）组长选定组员介绍小组家庭树。

（2）分享音量为“2”。

（3）遵守合作学习约定：“轮流发言”“专注倾听”。

轮流发言	
该怎么做？	该怎么说？
一位同学先分享作品——家庭树	组长/组员：大家好，接下来由我分享家庭树。我的家庭树包括……，谢谢 组长：轮到你发言了
专注倾听	
该怎么做？	该怎么说？
①看着发言的人，微笑或点头表示听懂 ②不打断别人的发言	—（保持音量为“0”）

3. 教师组织示范：教师选择一个小组，带领该组组长和组员，向全班同学示范“轮流发言”“专注倾听”。

4. 教师指导小组开展任务。

5. 教师总结：大家的家庭树画得各有特色。每个家庭都像一棵大树，家庭的每个成员都是这棵树的一部分。我们家人紧紧地联系在一起，就像树的枝干无法分开一样。

【提示】

①教师可以选择一个组做示范或轮流指导小组开展任务。

②对于人数多的班级，可以使用组内分享的方式，也可以选择几位同学上台给全班同学做分享，根据实际时间确定分享名额；教师从音量、礼仪、分享内容等方面及时给予同学肯定的点评，鼓励大家踊跃上台分享。

环节四：我的单元成长档案（20分钟）

（一）目标

学生能有序填写“我的单元成长档案”，完成自我评价和小组互评。

（二）步骤

1. 教师引入：这个单元的学习到这里就结束了，我们表现得怎么样呢？接下来一起来给自己和小组成员评一评吧！

2. 教师介绍“我的单元成长档案”。

（1）自我评价：由学生对自己的表现进行评价。

（2）小组互评：小组成员互相进行评价。

（3）教师评价：教师对学生表现进行评价。

3. 教师组织学生完成“探索手册”中“我的单元成长档案”填写。

（1）自我评价

填写方式：认为自己达成即涂满星星，没达成则不涂，有时达成、有时未达成则涂一半。

（2）小组互评

填写方式：学生在表格上方填写“我的名字”；按左手方向传递“探索手册”，每传一位同学，在“评价人”处写下自己的名字，并对“探索手册”所属同学的表现进行评价；完全做到填“○”，没有做到填“？”，部分做到填“△”；拿回自己的“探索手册”后，找一找自己做得好的、有待改进的分别是哪几条。

小组讨论：本单元，我们小组做得好的、需要改进的分别是什么？将对应的序号填写在对应的空格里。

小组代表汇报本组讨论结果：经过讨论，我们认为小组做得好的是……可以做得更好的是……

教师对小组的合作学习情况进行总结性点评。

（3）教师评价

填写方式：在“教师评价”的方框内画上符号（打勾、画星星或表情等），并在下方横线处填写评语。

教师可在课后收回“探索手册”进行评价。

【提示】

①教师巡场计时，观察学生小组互评进度与合作情况，适时适度介入；对学生做得好的地方进行具体鼓励，并明确指出可以做得更好的地方（不宜太多，可以挑选 1 ~ 2 条作为重点改进目标）。考虑到课堂时间，教师可以找其他时间带领学生完成本步骤。

②这是一年级的学生首次进行成长评价。他们初入校园，对学校的一切都很懵懂，需要教师的耐心引导。在完成成长评价时，教师需对规则和内容逐句进行解释，逐步引导学生填写。在这过程中，也许会有学生表现得不太好，教师需要给予一定的宽容，有足够的耐心去引导去坚持，帮助学生养成好的习惯。万事开头难，只怕有心人。一年级的老师，您辛苦了！

六、参考板书

今日主题：画画我的家庭树　　　　日　期：　年　月　日

家庭树：每个家庭的家庭树各有特色

第二单元
学做小当家

一、单元设计思路

本单元是“大山·家”主题上学期的第二个单元，也属于五步教学法中的“体验”和“学习”环节。在上一单元，同学们在小组内创建了“家”，认识了“家庭成员”，绘制了家庭树，初步理解了“家”“家人”和“家庭”的含义。本单元将进一步围绕“家”进行延伸学习：通过模拟“亲戚来家里团聚吃饭”这一情境，引导学生体验和学习打扫卫生、制订营养搭配均衡的菜单、“采购”食材做“大餐”、掌握基本的待客之道等，让学生在创设的具体情境中扮演不同的角色，学习如何多为家人分担，初步感知家庭生活中的责任。

二、单元跨学科设计

本单元主要涉及语文、数学、美术、综合实践四门学科。

三、单元目标

（一）勇于探究

1. 学生对清洁劳动、赶场、制作“家宴”等活动有好奇心和探究兴趣。

2. 学生积极参与观察和探究活动。

（二）沟通合作

1. 学生能在讨论中做到“轮流发言”“专注倾听”，并通过举手表决的形式达成共识。

2. 学生能用“2”的音量开展合作学习，并在教师协助下明确分工。

（三）实践创新

1. 学生能发挥创意和想象力，用彩泥捏制家常菜。

2. 学生体验和学习基本的清洁劳动技能。

（四）自信分享

学生围绕“家宴”菜单和“大餐”等主题，积极主动、声音洪亮、有礼貌地分享观察、创作成果。

（五）乐学善学

1. 学生积极参与课堂互动、小组讨论等不同类型的学习活动。

2. 学生通过绘制三级主题单元“气泡图”，回顾本单元所学内容。

3. 学生通过填写“我的单元成长档案”进行自我评价和小组互评，反思学习表现，发现个人成长。

四、单元课程目录

第 3 课　我是清洁小能手（2 课时）

第 4 课　“赶场”去买菜（2 课时）

第 5 课　做东设“家宴”（2 课时）

第 6 课　“家宴美食”秀（2 课时）

五、相关概念

做东：设宴招待客人。

赶场：又叫赶集，是一种民间风俗，指在集市上囤物换物的买卖交易，在贵州一般叫作赶场。

营养配餐：通过对不同食物的搭配，使人体摄入的蛋白质、脂肪、碳水化合物、维生素和矿物质等几大营养素种类齐全，配比适宜，并含有足够能量和膳食纤维的一种健康餐。

家宴：家庭成员的聚会，以及在家里举行的宴会。

第3课 我是清洁小能手（2课时）

一、教学目标

1. 通过猜谜、观察图片或实物，学生能说出常见清洁工具的名称、外形特征与功能。

2. 通过小组“家务劳动比一比”的活动，学生能掌握擦窗户、扫地、拖地这三项清洁劳动技巧。

3. 学生能结合所学及生活经验，说出常见的家务劳动，理解做家务的辛苦，产生积极与家人共同承担家务的意愿。

二、教学重难点

1. 教学重点：学生认识常见的清洁工具。

2. 教学难点：学生掌握擦窗户、扫地、拖地这三项清洁劳动技巧。

三、教学建议

1. 教师需准备扫帚、拖把、抹布等劳动工具，寻找较为开阔的场地，让学生充分体验和实践。

2. 在实践中，教师引导学生及时总结经验，学习基本的清洁劳动技巧。

四、教学准备

1. 工具：扫把（每组 1 把）、拖把（每组 1 把）、水盆（每组 1 个）、撮箕（每组 1 个）、抹布（每组 1 ~ 2 条）、报纸（每组 1 张）、水桶（每组 1 个）、清水若干。

2. 奖状：3 ~ 6 张，用于发给在三项家务劳动（扫地、拖地、擦窗户）比赛中表现优秀的同学，视情况准备。

3. 活动区域：教室里宽敞的区域或学校走廊、操场等开阔的场地。

五、教学内容

本次课共6个环节，分别是“上节课回顾”“家人聚会准备啥”“清洁工具我认识”“家务劳动比一比”“家务劳动我知道”“本节课总结”，课程时长80分钟（2课时）。

环节一：上节课回顾（5分钟）

1. 齐诵《乡土开课辞》。

2. 教师组织学生回顾课堂规则。

3. 教师组织学生回顾上节课主要内容。

环节二：家人聚会准备啥（15分钟）

（一）目标

通过模拟情境，学生产生对本单元所学内容的兴趣。

（二）步骤

1. 教师引入：上个单元，我们每个小组都创建了一个“家”。平时我们在自己家里，都是家长当家，他们买菜、做饭、扫地、洗衣、整理家务，照顾我们，招待亲戚客人。现在我们是自己“家”的主人了，这个单元，我们就来“学做小当家”。假如，咱们“家”过两天要来客人了，你们准备怎么办？想一想。

2. 思考与互动。

（1）同学们在家里做家务吗？

（2）如果很多亲戚到你家里聚会吃饭，家里要做哪些准备来迎接客人？

3. 教师组织学生填写“探索手册”对应的“家人聚会准备啥”。

4. 教师总结：本单元，我们将和“家人”一起为迎接客人做准备，学做小当家。

环节三：清洁工具我认识（20分钟）

（一）目标

通过猜谜语等活动，学生认识常见的清洁工具的名称、外形特征与功能。

（二）步骤

1. 教师引入：为了给客人们留下好印象，我们要先把家里打扫干净。同学们，你们知道打扫卫生需要用到哪些清洁工具吗？老师给大家准备了一些提示，赶快动动小脑筋，揭开它们的身份吧！

2. 教师出示：关于清洁工具的谜语。

3. 思考与互动。

（1）为什么扫帚的“头”像棍子，“脚”像胡子？

（2）为什么拖把要“披头散发”？它的“头发”是什么材料？为什么说它“有事水里洗澡”？

（3）为什么说抹布“五味它都尝”？

4. 教师小结：这些能帮助我们清洁灰尘和脏东西，让家里更干净的工具，就是“清洁工具”。

5. 思考与互动：除了这三种工具，你还知道哪些清洁工具？

6. 教师出示：常见清洁工具的图片，请学生说说其形状、功能、材料等。

【提示】若学生用方言说工具名称，教师可给予鼓励与肯定，并补充其普通话名称。

7. 教师总结：……工具，都可以帮助我们把卫生打扫得更快速、更干净。

环节四：家务劳动比一比（25分钟）

（一）目标

在实践中，学生学习家务劳动中的基本清洁方法。

（二）步骤

1. 教师引入：清洁工具有了，接下来，我们就要比比看，谁会用工具，谁是家务劳动的小能手。先请每个“家庭”选出 3 名同学，来进行后面的家务比拼。欢迎大家毛遂自荐——自己推荐自己。

2. 教师介绍任务及规则：家务劳动比一比。

（1）每个“家庭”需要派 3 名同学，分别参加 3 项家务劳动比拼。

（2）3 项家务分别是：扫地、擦窗户、拖地。

（3）每项家务均在老师指定范围内进行。

（4）每项家务的比赛时间为 5 分钟。

（5）家务劳动的标准：会使用工具，能把环境打扫干净。

（6）未参赛的同学作为观众和评委，音量为“1”，认真观看，思考谁做得好，好在哪里。

（7）“家庭”讨论参加比拼的人员，音量为“2”，时长 5 分钟。

3. 教师依次组织“扫地”“擦窗户”“拖地”三项比拼。

【提示】

①教师需要指定各项任务比拼的范围，方便大家都能看到；如地方有限，每项任务可分两次。

②教师根据班级人数确定比拼的人数，如果班级人数少，每一轮比拼每个小组可以派出多个人。

③每项比拼时间由教师自行确定并计时。每完成一项，教师邀请学生点评谁做得好，并说说为什么（可以从工具使用方法、清洁程度等方面点评）。

④三项比拼结束，教师可请同学们一起投票，选出三项分别做得最好的同学，授予“清洁小能手”称号和奖状，号召同学们向他们学习。

4. 教师组织学生总结家务劳动技巧和注意事项。

（1）扫地：双手一上一下握住扫把柄，身体微微弯曲，手带动扫把顺着一个方向扫；把扫出来的垃圾堆到一起，扫入撮箕中，再倒入垃圾桶；最后把工具放回原位。

【提示】教师需要提醒学生在打扫时，扫把不要扫到其他人；遇到椅子等障碍，学生需要挪动它们。

（2）擦窗户：把抹布放入水盆中打湿后拧干；先用拧干水的抹布擦第一遍，然后揉搓报纸，用揉皱的报纸擦第二遍；检查是否有没擦到的细节，再用抹布仔细擦一遍；最后清洗抹布，把工具放回原位。

（3）拖地：先将拖把放入水桶中打湿，用手稍微拧干拖把，保证拖把不太干也不太湿；弯下腰，双手一上一下握住拖把柄，拖地时将拖把一推一收，把地面拖干净；最后清洗拖把，把拖把放回原位。[1]

5. 思考与互动：刚才做这些家务有什么感受？

6. 教师总结：同学们，刚才我们比拼了扫地、擦窗户和拖地这三项家务，相信大家都发现了，打扫卫生也有很多技巧呢！同学们回家后可以试试用这些技巧来扫地、拖地、擦窗户，让家变得更干净哦！

环节五：家务劳动我知道（10分钟）

（一）目标

通过连连看等活动，学生知道常见的家务劳动有哪些，了解家庭中的每个成员都应当分担力所能及的家务，这对维持家庭关系和睦有重要意义。

（二）步骤

1. 教师引入：经过刚才的比拼，老师发现好多同学都是清洁小能手，有些同学做事还特别会动脑筋，他在家里一定是家长的小帮手，非常棒！点赞！

2. 思考与互动。

（1）在家里除了打扫卫生，同学们还做过哪些家务？

（2）在你家里，是谁在做家务？

3. 教师组织学生完成“探索手册”中的“家务劳动我知道”。

4. 教师组织学生分享：用自己的话说说什么是家务劳动。

5. 教师总结：让家里干净整洁，家庭生活舒适的各种劳动就是“家务劳动”，比如扫地、洗碗、做饭、收拾整理物品、洗衣服等等。这些家务往往没有酬劳，但都是每个家庭成员必须要做的事情，因为它们是家庭生活的重要组成部分，每个家庭成员要共同分担。同学们回家以后，也要做一些力所能及的家务活哦！

6. 思考与互动：在你家里，谁做家务的时间最长？

【知识拓展】据统计：我国每人每天平均做2～3个小时的家务劳动，包括打扫卫生、照顾孩子、陪伴家人等等。其中，女性平均做家务的时间是男性的两倍。

7. 教师总结：家人长时间做家务也会很辛苦。希望同学们可以多帮家人分担，除了扫地、拖地，还可以帮家人整理衣服、叠被子、把物品摆放整齐等，做力所能及的家务事。

8. 思考与互动：在我们班级这个大家庭里，谁做的家务最多最好呢？让我们向他们学习，感谢他

---

1 如果拖把沉重，一年级学生拖不了地，可省略此项。

们为我们大家庭环境的干净整洁付出的辛勤劳动！

环节六：本节课总结（5分钟）

1. 教师总结今日所学：今天，我们为迎接客人做了第一步准备工作：打扫家里的卫生。同学们了解了各种清洁工具，比拼了扫地、擦窗户和拖地，个个都是清洁小能手。我们知道，家务不仅仅只有打扫卫生，也不是只靠一个人做，所以我们回家后要力所能及地帮家人做家务。在学校，也要完成好自己的清洁打扫任务，保持我们班级这个大家庭的干净整洁。

2. 教师组织学生填写“探索手册”中对应课程的“今日收获”。

六、参考板书

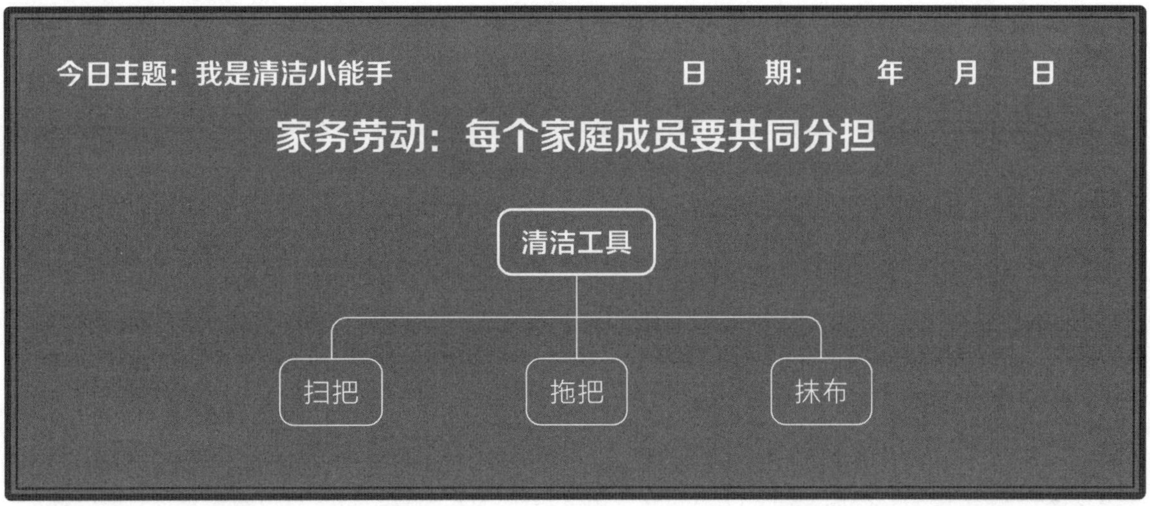

第4课 “赶场”去买菜（2课时）

一、教学目标

1. 通过讨论，“家庭”小组确定聚会的菜单。

2. 通过分享聚会菜单，学生初步了解均衡营养、健康饮食的重要性。

3. 通过小组合作，学生能在预算内“采购”所需食材。

二、教学重难点

1. 教学重点：学生讨论出营养搭配均衡的菜单，且能完成食材的“采购”。

2. 教学难点：学生能在预算之内“采购”食材。

三、教学建议

1. 教师需提前示范如何进行“轮流发言”“举手表决”。

2. 若学生存在计算困难，教师需主动提供帮助。

四、教学准备

道具：用于“采购”的代金券 100 元（手写即可），每个小组 1 张。

五、教学内容

本次课共5个环节，分别是“上节课回顾”“讨论聚会菜单”“食物搭配有学问”“全‘家’一起去‘赶场’”“本节课总结”，课程时长 80 分钟（2 课时）。

环节一：上节课回顾（5分钟）

1. 齐诵《乡土开课辞》。

2. 教师组织学生回顾课堂规则。

3. 教师组织学生回顾上节课主要内容。

环节二：讨论聚会菜单（20分钟）

（一）目标

“家庭”小组能在讨论聚会菜单的过程中，进一步练习“轮流发言”“举手表决”的合作学习约定。

（二）步骤

1. 教师引入：上次课，我们学习了如何打扫卫生。客人来到干净的家里之后，我们也不能让他们饿肚子呀！接下来，我们和小组里的“家人”讨论一下聚会菜单，菜单的菜品要丰富，也要营养均衡。同学们可以参考生活中长辈准备的家宴。

2. 教师介绍任务及规则：讨论聚会菜单。

（1）每个小组，根据“探索手册”给出的菜单选择 5 个菜。

（2）确定 1 种主食和 2 种水果，主食可以是米饭、馒头、面条或包子。

（3）音量为“2”，时长 15 分钟。

（4）遵守合作学习约定：“轮流发言”“达成共识”。

轮流发言	
该怎么做？	该怎么说？
一次只有一个人发言	组员：①我想选辣子鸡，因为…… ②我不想选干锅烫皮牛肉，因为…… 组长：轮到你发言了
达成共识	
该怎么做？	该怎么说？
①让组员充分发表意见 ②少数服从多数	①这张图片我们的结论是…… ②大家是否同意？

3. 教师组织示范：教师选择一个小组，带领该组组长和组员，向全班同学示范“轮流发言”“达成共识”。

4. 教师组织小组讨论聚会菜单。

5. 教师组织各小组依次上台分享讨论结果。

【提示】分享时，小组一起上台，遵守上台礼仪；教师及时从音量、礼仪、分享内容等方面做肯定点评。

环节三：食物搭配有学问（15分钟）

（一）目标

在讨论菜单的过程中，学生学习简单的食物营养知识和搭配方法。

（二）步骤

1. 教师引入：各“家庭”小组的菜品选好了，让我们先给这些菜品的制作食材分分类吧！

2. 教师介绍任务及规则：给食材分分类。

（1）在“探索手册”中的“给食材分分类”，将同一种类的食物放到一起（在对应的横线上填写序号）。

（2）音量为“1”，时长5分钟。

3. 教师总结：有这么多种食物，我们的菜单也要好好搭配才行，让客人吃到美味，也吃得健康。

【知识拓展】综合食物的来源和营养成分，大致可以将食物分为五大类：谷物类、蔬菜水果类、肉蛋奶类、脂肪类、豆类。这五大类食物包含了人体所需的各种营养物质。

谷物类：主要包括米粉、米饭、面条、馒头等，是人体获取能量的重要来源。

蔬菜水果类：可以提供丰富的维生素、矿物质和纤维素。

肉蛋奶类：包括鸡肉、鱼肉、猪肉、蛋类和奶制品等。肉类提供蛋白质，是人体不可缺少的营养物质。

脂肪类：比如坚果、菜籽油、猪油等。

豆类：如黄豆、绿豆等以及豆腐、豆浆等各种豆类制品。豆类富含蛋白质和膳食纤维，是素食者获得营养的重要选择。

亲戚来家里吃饭，不仅要让他们吃饱，还要让他们吃好。因此，菜单的搭配要考虑荤素搭配，营养均衡。

同学们平常吃饭也要养成不偏食、不挑食的好习惯哦！

4. 教师组织小组结合所学讨论是否再次调整菜单。

环节四：全“家”一起去“赶场”（35分钟）

（一）目标

小组讨论，在既定预算内“采购”完制作菜单中菜肴所需的食材。

（二）步骤

1. 思考与互动。

（1）同学们有没有赶过场？

（2）你赶场会买什么？

2. 教师介绍任务及规则：全“家”一起去“赶场”。

（1）在“探索手册”的蔬菜卡片上勾选要买的食材，即为购买。

（2）小组计算购买的食材一共需要花费多少钱。

（3）每个“家庭”（即小组）采购总金额不能超过 100 元。

（4）音量为“2”，时长 15 分钟。

3. 思考与互动。

（1）每个“家庭”小组里，谁是为家里赚钱的人？

（2）赚钱养家的这位家人，是做什么工作的？

（3）家里都是谁在花钱？为什么花钱？

4. 教师小结：每一分钱都来之不易，老师现在分给每个“家庭”100 元代金券，大家要好好计划。

5. 教师发放道具“采购”代金券。

6. 教师组织各小组“采购”食材。

7. 教师组织小组代表分享小组“采购”结果。

8. 教师总结：恭喜各个“家庭”都“采购”到了制作大餐的食材！看到大家认真挑选的样子，老师已经在期待同学们制作的健康又美味的“家宴”啦！

【提示】如果有小组超出预算，教师应提醒该小组调整菜单，比如把某种肉菜换成素菜。

环节五：本节课总结（5分钟）

1. 教师总结今日所学：今天，每个“家庭”都讨论出了自家的“家宴”菜单，还一起“赶场”“采购”了食材，搭配出了健康又美味的大餐。

2. 教师组织学生填写“探索手册”中对应课程的“今日收获”。

六、参考板书

今日主题：“赶场”去买菜　　日　期：　年　月　日

营养搭配：不偏食　不挑食

“赶场”：“采购”食材

第5课 做东设“家宴”（2课时）

一、教学目标

1. 通过教师示范和讲解，学生能用彩泥捏制一道形状、色彩形象的特色“家常菜”。

2. 通过模拟日常生活情境及互动思考，学生能说出简单的待客礼仪。

二、教学重难点

1. 教学重点：学生能使用彩泥捏制菜肴。

2. 教学难点：学生能表现出菜肴的形状和色彩。

三、教学建议

在“‘家宴大餐’彩泥做”环节，教师可提供示例图或播放视频，给学生做参考和示范。

四、教学准备

1. 材料：彩色超轻黏土或彩泥，每组1～2套；纸碟，每组8个。

2. 工具：彩泥塑形小工具每组1套。

五、教学内容

本次课共4个环节，分别是“上节课回顾”“‘家宴大餐’彩泥做”“待客礼仪知多少”“本节课总结”，课程时长80分钟（2课时）。

环节一：上节课回顾（5分钟）

1. 齐诵《乡土开课辞》。

2. 教师组织学生回顾课堂规则。

3. 教师组织学生回顾上节课主要内容。

环节二：“家宴大餐”彩泥做（35分钟）

（一）目标

小组分工，学生用彩泥捏出“家宴大餐”，提升动手实践能力和合作能力。

（二）步骤

1. 教师引入：上次课，各家庭已经列好了招待菜单，采购了食材。本节课，我们将一起制作“家宴大餐”。

2. 教师介绍任务及规则：制作“家宴大餐”。

（1）以“家庭”为单位，用彩泥捏制“家宴大餐”。

（2）音量为“2”，时长 30 分钟。

（3）遵守合作学习约定：“分工明确”。

分工明确	
该怎么做？	该怎么说？
听从组长安排	组长：我想请你负责……可以吗？ 组员：①好的，组长 ②组长，我想和……一起完成

3. 教师示范：教师走到一个小组前，扮演组长：“我们需要用彩泥捏 5 道菜，我想让每个人负责捏一道菜，最后大家一起收拾彩泥和工具。我想请 A 同学负责捏‘椒麻鸡’，可以吗？”在 A 同学同意后，教师扮演的组长可以说：“我想请 B 同学负责捏‘干锅烫皮牛肉’，B 同学愿意吗？”以此类推。各组长也可以先询问是否有组员想要主动认领某项任务。

4. 教师介绍并示范使用彩泥捏制“菜肴”的方法。

（1）彩泥造型：可以用揉、搓、压的手法做出我们想做的形状。

（2）借助工具给彩泥造型：可以用塑料刀分割大块彩泥或压出压痕表现食物表面的纹路等，或使用圆嘴勺等。

（3）使用彩泥的注意事项：彩泥的质地很轻、很软，颜色很多，可以捏成各种不同的形状；但彩泥很容易变干，因此用完后要及时将剩余的彩泥放回袋子里密封；未用完的彩泥，不能混在一起；使用时，切勿将彩泥放进嘴里，课后要及时洗手。

5. 教师组织学生捏制菜肴。

（1）发放彩泥、纸碟以及制作彩泥作品的小工具。

（2）引导学生取一些彩泥捏出圆形、方形和细长条，初步学习彩泥造型方法。

（3）请几个“家庭”小组分享经验。

（4）教师示范造型方法，引导学生用工具刻画食材的细节。

【提示】考虑到彩泥作品容易丢失，课后教师可以帮小组保管作品或放固定的展示区。

环节三：待客礼仪知多少（35分钟）

（一）目标

在思考中，学生学习基本的待客礼仪，理解本节课的课题含义。

（二）步骤

1. 教师引入：现在，美味的“大餐”已经做好了，亲戚们也都来了。作为小当家，我们需要做些什么呢？

2. 思考与互动。

（1）当亲戚来到家里时，我们可以说什么，做什么？

（2）当亲戚家小朋友来家里时，我们可以说什么，做什么？

（3）当快开饭时，我们可以说什么，做什么？

（4）当亲戚要离开时，我们可以说什么，做什么？

【提示】教师可以邀请一个“家庭”小组示范当长辈来到家里，应如何待客：主动问好，端茶倒水，问候身体情况等。

3. 教师总结：同学们真是热情好客的小当家！当亲戚来家里时，我们应该让他们感觉亲切、轻松愉快。我们可以这样做：

（1）主动迎接并打招呼，问候“伯伯好”“伯母好”等。

（2）主动帮亲戚拿东西，搬凳子请亲戚坐下休息，给亲戚端水倒茶、端上洗好的水果等，并主动与他们交流。

（3）当亲戚家小朋友来时，可以主动分享玩具。

（4）当快开饭时，可以帮忙安排座位，摆放碗筷，帮亲戚盛饭。

（5）当亲戚要离开时，应该和他们礼貌告别，如“伯伯、伯母再见！欢迎下次再来玩！”等等。

4. 思考与互动。

（1）为什么要等亲戚都入座后，我们才能入座？

（2）为什么不能用筷子胡乱翻动桌上的菜？

（3）为什么吃饭的时候不能和其他小朋友乱跑打闹？

【提示】学生言之成理即可。学生通过思考，以及其他同学的分享，知道基本的餐桌礼仪。

5. 教师小结：看来大家都是有礼貌的小当家，懂得这些餐桌礼仪是对亲戚、对客人的尊重。只有遵守这些餐桌礼仪，才能让每个人愉快地享受营养又美味的“大餐”。

6. 思考与互动。

（1）本课主题叫作“做东设‘家宴’”，那什么叫“做东”呢?

（2）你觉得什么是“家宴”？

7. 教师总结：“做东”，就是举办宴会招待客人，邀请别人来自己家里吃饭。请客的人叫作“东道主”。“家宴”，一般指在家里举行宴会，烹饪美食招待客人。因为是同学们自己举办且邀请“家族”里的人聚会，所以这节课叫“做东设‘家宴’”。

环节四：本节课总结（5分钟）

1. 教师总结今日所学：今天，每个“家庭”都分工合作，一起制作了营养又美味的“家宴美食”。作为家里的小当家，我们要热情、有礼貌地招待亲戚，尊重客人，遵守餐桌礼仪，这样主人和客人都能开心地聚会啦!

2. 教师组织学生填写“探索手册”中对应课程的“今日收获”。

六、参考板书

今日主题：做东设“家宴”　　　　日　期：　　年　月　日

待客礼仪：主动问好、主动帮亲戚拿东西、
分享玩具、帮亲戚倒茶等

做　　东：在家里举办宴会招待客人

家　　宴：家庭、家族成员或亲朋好友共同聚餐

第6课 “家宴美食”秀（2节课）

一、教学目标

1. 通过教师示范和讲解规则，在小组合作中，学生能按照分享礼仪分享作品。

2. 通过教师引导，学生能绘制三级主题单元“气泡图”。

3. 通过学习和使用“我的单元成长档案”，学生能对自己和组员的学习表现进行评价。

二、教学重难点

1. 教学重点：学生能分享“家宴美食”。

2. 教学难点：学生能客观地自我评价和小组互评。

三、教学建议

在绘制单元“气泡图”和填写“我的单元成长档案”环节，教师需给予耐心的指导，带着学生一起开展。

四、教学准备

学生“家宴”作品：教师提前准备好各组上次课完成的“家宴”作品。

五、教学内容

本次课共4个环节，分别是“上节课回顾”“‘家宴美食’秀”“共绘单元‘气泡图’”“我的单元成长档案”，课程时长80分钟（2课时）。

环节一：上节课回顾（5分钟）

1. 齐诵《乡土开课辞》。

2. 教师组织学生回顾课堂规则。

3. 教师组织学生回顾上节课主要内容。

环节二：“家宴美食”秀（35分钟）

（一）目标

学生可以按照分享规则分享作品，提升表达能力和小组合作能力。

（二）步骤

1. 教师引入：亲戚们在大家热情又有礼貌的招待下入席，坐在自己的位置上等着开饭啦！接下来，请各“家庭”介绍一下你们的“大餐”吧！

2. 教师介绍任务及规则：“家宴美食”秀。

（1）各“家庭”秀出各自的“大餐”。

（2）遵守分享礼仪和倾听规则。

（3）每个“家庭成员”都要发言，分别介绍 1 ~ 2 种菜。

3. 教师示范并组织学生展示“大餐”：上台，全体一起说“大家好，我们是……家。我们给亲戚们准备了大餐。”下台前，要鞠躬致谢“祝大家用餐愉快，谢谢！”

【提示】如果时间紧张，教师可以让小组在座位上分享展示，也可以小组自愿分享展示。

4. 教师小结：祝贺每个“家庭”都做出了一桌营养又美味的“大餐”！

5. 思考与互动：当亲戚们离开之后，家里会是什么样？有哪些事要做？你可以做什么呢？

6. 教师总结：我们可以帮家人清理桌子、洗餐具、打扫地面和收拾厨房等。

环节三：共绘单元“气泡图”（20分钟）

（一）目标

学生回忆本单元所学，然后用“气泡图”的形式呈现单元内容。

（二）步骤

1. 教师引入：在各位家庭成员的分工合作下，“家宴”顺利举行，大家都享受了营养又美味的“大餐”。“家宴”结束后，亲戚们和大家道别后离开了。虽然准备“家宴”的过程很忙碌，但大家一定感受到了亲戚团聚、享受美食的快乐。

2. 思考与互动：亲戚要来家里聚会时，作为小当家，我们做了什么？

3. 教师小结：我们打扫了卫生、确定了菜谱、“赶场”买菜、设“家宴”招待客人、学习待客礼仪。

4. 教师出示：“气泡图”范例，组织学生观察图片，说说什么是“气泡图”。

5. 教师小结：用线段连接大小不同的圆圈，圆圈内可以写字，也可以画图像。因为这些圆圈像气泡一样，所以我们叫它“气泡图”。“气泡图”中心的大气泡，是中心主题。周围发散的较小的气泡，是中心主题之下的小主题。

6. 教师示范：在黑板上板书绘制“气泡图”。

【提示】教师带一年级学生绘制的单元“气泡图”需要包含三级，即单元主题、课堂主题和课堂主要活动。具体可以参考电子课件中的三级“气泡图”示范。

7. 教师总结：生活中，大家应学着做力所能及的家务事，培养独立生活的能力，成为真正的“小当家”。

环节四：我的单元成长档案（20分钟）

（一）目标

在教师的指导下，学生填写“我的单元成长档案”进行自我评价和小组互评。

（二）步骤

1. 教师引入：现在，我们完成了乡土课“学做小当家”单元的学习，同学们在乡土课的学习中做得怎么样呢？我们一起来评一评吧！

2. 教师组织学生填写“我的单元成长档案”[1]。

六、参考板书

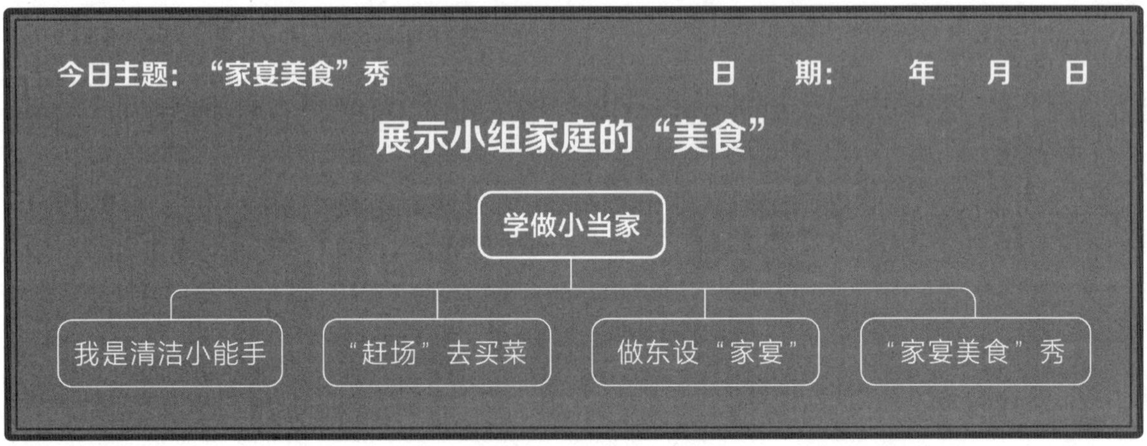

1　“我的单元成长档案”的填写方法，可参考“画画我的家庭树”，见本书第18页。

第三单元
相亲相爱一家人

一、单元设计思路

本单元是“大山·家”主题上学期的第三单元，也是五步教学法中的“创造与行动”和“分享”环节。本单元的重点是让学生理解家人之间的“爱”。为理解“爱”这一比较抽象的概念，本单元先通过阅读绘本故事，来激发同学们的同理心，感受什么是“爱”；再通过自己的经验，进一步理解家人对我们的爱体现在生活中的各个方面；最后通过制作爱的心意卡的行动，向家人表达爱和感谢。

二、单元跨学科设计

本单元主要涉及语文、美术两门学科。

三、单元目标

（一）审美情趣

学生通过绘画的方式呈现家人爱自己的故事或画面。

（二）自信分享

学生按照课堂要求轮流分享故事。

（三）社会责任

学生能用语言和行动向家人表达爱和感谢，养成爱亲敬长的良好品德。

（四）沟通合作

学生能在讨论中遵守“轮流发言”“专注倾听”的合作学习约定。

（五）实践创新

学生能发挥创意，绘制向家人表达爱意和谢意的卡片。

（六）乐学善学

1. 学生能积极参与课堂互动、小组讨论等不同类型的学习活动。
2. 学生通过绘制三级主题单元“气泡图”，回顾本单元所学内容。
3. 学生通过填写“我的单元成长档案”进行自我评价和小组互评。

四、单元课程目录

第 7 课　相亲相爱故事汇（2 课时）

第 8 课　爱家人，动起来！（2 课时）

五、相关概念

爱：从人际关系角度讲，爱是对他人一种深深的关怀、尊重、喜欢和珍视，是一种深厚的情感和强烈的感情连接。爱可以激发人们去保护、支持、理解和包容他人。

第7课 相亲相爱故事汇（2课时）

一、教学目标

1. 通过绘本故事、师生彼此分享的故事，学生初步理解家人之“爱”包括关爱、帮助、合作、陪伴等。

2. 通过师生分享故事，学生能认识到家人之间的“爱”体现在生活的方方面面。

3. 通过参考示范画和发挥创意，学生能用绘画的形式呈现家人对自己的“爱”。

二、教学重难点

1. 教学重点：学生能感受、理解、表达“爱”。

2. 教学难点：学生能用绘画描述“爱”的故事。

三、教学建议

1. 针对不擅长画画的同学，教师可以引导学生回忆细节，让学生在画的时候重点突出细节，比如家人在雨天给自己送来的一把伞、一双雨鞋，过生日时打来的电话、买的蛋糕等。

2. 教师可出示示范画供学生参考。

四、教学准备

1. 绘本：《花栗鼠一家》（纸质版、电子版皆可）。

2. 故事：教师准备一个家人爱自己的故事，用于向学生做示范。

3. 示范画：以“家人、亲情”为主题的示范儿童画[1]。

1 网络搜索关键词“儿童画　一家人　爱”即可获得。

五、教学内容

本次课共 4 个环节，分别是“上节课回顾”“爱的故事”“家庭爱的记忆”“本节课总结”，课程时长 80 分钟（2 课时）。

环节一：上节课回顾（5分钟）

1. 齐诵《乡土开课辞》。

2. 教师组织学生回顾课堂规则。

3. 教师组织学生回顾上节课主要内容。

环节二：爱的故事（35分钟）

（一）目标

通过绘本故事，学生初步理解“爱”是什么，并能用自己的话简单表达。

（二）步骤

1. 教师引入：同学们，通过上一个单元的学习，我们已经知道，家人应共同分担家务，互帮互助，是“爱”让家人紧紧联系在一起。那“爱”究竟是什么呢？今天，就让我们一起阅读绘本《花栗鼠一家》，从中寻找答案。

2. 教师组织学生观察绘本封面。

（1）你看到了什么？

（2）猜一猜绘本讲了一个什么样的故事呢？

3. 教师诵读绘本。

4. 教师组织学生精读绘本。

【提示】教师可以给学生通读一遍绘本，再精读一遍。精读建议：先观察每一页绘本的画面，然后让同学们一起读每一页的文字内容。

5. 思考与互动：对花栗鼠一家来说，爱表现在哪些方面呢？

6. 教师总结：花栗鼠爸爸对家人的爱表现在它为家人们忙碌搜集更多的松果，为冬天做准备；为了家人有更多的空间，辛苦挖土，爱是责任和付出；栗栗照顾受伤的妹妹，还陪妹妹玩耍，爱是关爱和陪伴；花栗鼠妈妈为了兄妹两人冬天过得更温暖去搜集芦苇絮，爱是呵护；全家一起合力完成搬运松果的任务，爱是合作和互帮互助。

7. 思考与互动：你认为爱是什么呢？

8. 教师介绍任务及规则：说说爱是什么？

（1）音量为“2”，时长 8 分钟。

（2）遵守合作学习约定：“轮流发言”“专注倾听”。

轮流发言	
该怎么做？	该怎么说？
一次只有一个人发言	组员：我认为爱是…… 组长：轮到你发言了
专注倾听	
该怎么做？	该怎么说？
①看着发言的人，微笑或点头表示听懂 ②不打断别人的发言	—（保持音量为“0”）

9. 教师组织学生在小组内讨论。

10. 教师组织学生代表分享。

11. 教师总结：爱无处不在、无时不在，刚才每位同学说的都是爱，爱包围着我们。

环节三：家庭爱的记忆（35分钟）

（一）目标

通过分享故事，学生进一步理解家人对自己的爱体现在生活各方面，并能通过绘画的形式呈现出家人爱自己的一个小故事或画面。

（二）步骤

1. 思考与互动。

（1）你的家人爱你吗？

（2）回忆家人和自己的故事，说一说家人对自己的爱。

2. 教师示范分享故事：教师讲述一件体现家人爱自己的小事，内容需包括时间、地点、人物等基本故事要素，两三句话即可。

3. 教师请几位同学分享关于“家人之爱”的小故事。

【教师语言参考】家人之爱：是我们生病了，家人会送我们去医院；饿了，家人为我们准备美味的食物；下雨时，家人冒雨接我们放学……他们希望我们开心快乐、平安健康地成长。家人对我们的爱体现在生活中各个方面。

4. 教师介绍任务及规则：画一画家人的爱。

（1）回想一件能体现出家人爱我们的事，尝试画出来。

（2）这个故事中都有谁？故事发生在什么时候？你还可以回忆起哪些细节？

（3）音量为“1”，时长25分钟。

5. 教师出示：以“家人、亲情”为主题的示范儿童画。

6. 教师组织学生绘画。

7. 如有时间，教师可组织学生分享作品。

【提示】教师可组织学生组内分享或上台分享。教师和其他同学可以从画面内容、色彩搭配等方面做肯定和鼓励性点评。

环节四：本节课总结（5分钟）

1. 教师总结今日所学：今天，我们认识了相亲相爱的花栗鼠一家，发现爱就在我们和家人相处的点点滴滴中。同学们也用绘画的方式记录下了这些爱的故事，感受着爱的温暖和美好。希望我们都能成为一个有爱的人，能常常向家人表达我们的爱。

2. 教师组织学生填写“探索手册”中对应课程的“今日收获”。

六、参考板书

今日主题：相亲相爱故事汇　　　　日　期：　　年　　月　　日

爱是责任、付出、呵护、合作、互帮互助……

爱在每个人的身边

第8课 爱家人，动起来！（2课时）

一、教学目标

1. 通过教师引导，参考示范作品，学生能发挥想象，制作一份心意卡，向家人表达爱和感谢。

2. 通过教师示范和参阅“探索手册”，学生能用三级主题“气泡图”梳理本单元内容，回顾单元所学。

3. 通过使用“我的单元成长档案”，学生能评价自己和组员的学习表现，反思个人表现和成长。

二、教学重难点

1. 教学重点：学生能制作一份心意卡，向家人表达爱和感谢。

2. 教学难点：学生能绘制出有创意的心意卡。

三、教学建议

制作心意卡时，教师可先出示创意心意卡范例，引起学生思考和想象。

四、教学准备

1. 工具：儿童安全剪刀，每组 2 ~ 3 把；彩笔，每组 1 ~ 2 盒。

2. 材料：硬卡纸，每人 1 张；胶水或胶棒，每组 1 支；彩线、彩纸每组 1 份。

五、教学内容

本次课共 4 个环节，分别是“上节课回顾”“爱的心意卡”“共绘单元‘气泡图’”“我的单元成长档案”，课程时长 80 分钟（2 课时）。

环节一：上节课回顾（5分钟）

1. 齐诵《乡土开课辞》。

2. 教师组织学生回顾课堂规则。

3. 教师组织学生回顾上节课主要内容。

环节二：爱的心意卡（35分钟）

（一）目标

学生能制作简单、有创意的心意卡送给家人，向家人表达爱意和谢意。

（二）步骤

1. 思考与互动。

（1）你爱你的家人吗？

（2）你向家人表达过爱吗？

2. 教师介绍任务及规则：制作爱的心意卡。

（1）制作一份心意卡，送给自己的家人。

（2）可以画上自己喜欢的图案，涂上喜欢的颜色。

（3）可以写上爱家人、感谢家人的话。

（4）使用剪刀时注意安全。

（5）音量为“1”，时长 30 分钟。

3. 教师出示：课件中的心意卡参考图。

4. 教师示范：工具的正确使用方法和每种材料的用途。

（1）使用剪刀时，不要将尖锐的一头对着自己或他人。

（2）胶水或胶棒不需要涂太多，涂完后需要等它干燥固定，不要立刻移动粘好的部分。

（3）可以用彩笔在卡纸上画装饰。

（4）可用彩线将心意卡串起来。

5. 教师组织学生领取工具和材料 。

6. 教师组织学生制作心意卡。

7. 思考与互动：当你把美丽特别的心意卡送给家人时，你要怎么跟他们说？请大家想一想，在家庭小组里说一说吧！

8. 教师总结：大家制作的心意卡真是富有创意！请同学们回家后将心意卡送给自己的家人，当面表达你的爱和感谢吧！希望大家在今后的每一天都可以多向家人表达爱，让家人感受到你的心意！

环节三：共绘单元“气泡图”（20分钟）

（一）目标

通过教师示范，学生能用“气泡图”梳理本单元内容，回顾单元所学。

（二）步骤

1. 教师引入：本单元我们学习了家人之间的爱，体现在生活的方方面面，接下来，我们一起绘制单元“气泡图”回顾单元所学吧！

2. 教师组织学生绘制单元“气泡图”[1]。

【提示】教师带一年级学生绘制的单元“气泡图”需要包含三级，即单元主题、课堂主题和课堂主要活动。具体可以参考电子课件中的三级“气泡图”示范。

环节四：我的单元成长档案（25分钟）

（一）目标

在教师的指导下，学生填写“我的单元成长档案”进行自我评价和小组互评。

（二）步骤

1. 教师引入：现在，我们完成了乡土课“相亲相爱一家人”的学习，同学们在乡土课的学习中做得怎么样呢？我们一起来评一评吧！

2. 教师组织学生填写“我的单元成长档案”[2]。

六、参考板书

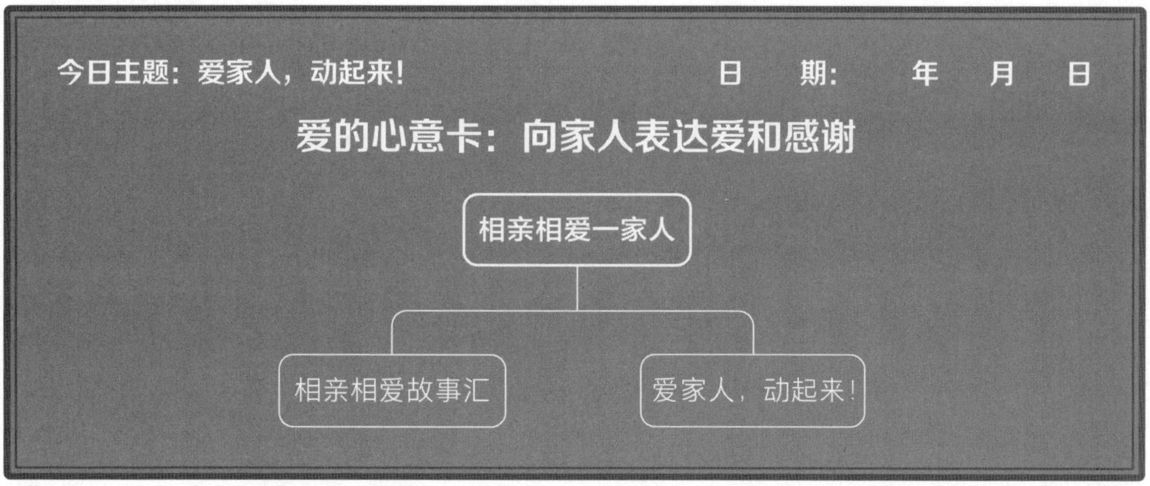

---

1 “气泡图”的绘制方法，可参考“‘家宴美食’秀”，见本书第 37 页。

2 “我的单元成长档案”的填写方法，可参考“画画我的家庭树”，见本书第 18 页。

第四单元
我爱我家

一、单元设计思路

本单元作为“大山·家”主题上学期的最后一个单元，既是总结，也是对学生前期所学内容的升华。学生先通过写诗表达对本学期核心主题“家”和“爱”的理解，在教师带领下，学生回顾本学期所学内容，画出本学期的乡土主题三级“气泡图”，然后教师组织学生填写“我的学期成长档案”，总结个人和小组成长情况，最后小组成员互相表达感谢，结束本学期的乡土课学习。

二、单元跨学科设计

本单元涉及语文、综合实践两门学科。

三、单元目标

乐学善学

1. 学生能绘制三级主题学期“气泡图”。
2. 学生用“我的学期成长档案”进行自我评价和小组互评。

四、单元课程目录

第 9 课　我为我家写首诗（2 课时）

第9课 | 我为我家写首诗（2课时）

一、教学目标

1. 通过教师引导和示范，参考示范作品，学生能写一首短诗，表达对“家”和“爱”的理解。

2. 通过教师引导，学生查阅“探索手册”，能回忆学期所学，绘制三级主题学期“气泡图”。

3. 通过使用“我的学期成长档案”，学生能评价自己和组员的学习表现，反思个人表现和成长。

二、教学重难点

1. 教学重点：学生能创作《我爱我家》短诗，表达对“家”和“爱”的理解。

2. 教学难点：学生能完成“我的学期成长档案”填写任务。

三、教学建议

1. 教师组织学生填写“我的学期成长档案”时要保持耐心，必要时可进行示范，与学生一起完成。

2. 如时间有限，“我的学期成长档案”只能部分完成，教师可另找时间组织学生完成。

四、教学准备

素材：班级乡土课活动照片及学生作品。

五、教学内容

本次课共4个环节，分别是“上节课回顾”“学做小诗人”“共绘学期‘气泡图’”“我的学期成长档案”，课程时长80分钟（2课时）。

环节一：上节课回顾（5分钟）

1. 齐诵《乡土开课辞》。

2. 教师组织学生回顾课堂规则。

3. 教师组织学生回顾上节课主要内容。

环节二：学做小诗人（35分钟）

（一）目标

学生能用自己的话表达对“家”和“爱”的理解，并完成简单的诗歌创作。

（二）步骤

1. 教师引入：本学期，我们围绕“家”和“爱”学习了很多内容：家人、家庭、学做小当家、帮家人分担家务、相亲相爱一家人……

2. 思考与互动。

（1）用自己的话说一说什么是“爱”。

（2）用自己的话说一说什么是“家”。

3. 教师介绍任务及规则：我为我家写首诗。

（1）诗歌的名称为《我爱我家》。

（2）打开“探索手册”，在横线中填入合适的内容。

（3）音量为“0”，时长 20 分钟。

【提示】如果学生会写字，请学生先将内容填写在“探索手册”上；如果学生不会写字，教师可以帮学生录音，课后整理成文字，发给学生或学生家人，请家人协助完成。

4. 教师示范创作诗歌《我爱我家》。

家是一家人在一起，
爱是家人之间相互关爱，
爱让家更温暖，
我爱我家。

5. 教师组织学生创作诗歌《我爱我家》。

6. 教师组织学生分享。

【提示】教师可以根据实际情况组织学生组内分享或上台分享。若有学生在规定时间内提前完成，可以让他为诗歌配上插图或画上其他装饰。

7. 教师总结：在听了这么多同学优美的诗歌之后，老师发现，大家都理解感受到：家是家人在一起，家是我们遮风避雨的港湾，家也是责任和分担。爱是关心，是责任，是互相照顾……爱让家人关系更亲密，让家更温暖，我们爱我们的家。

环节三：共绘学期“气泡图”（20分钟）

（一）目标

学生用“气泡图”呈现学期主题内容。

（二）步骤

1. 教师引入：同学们，这学期的乡土课之旅即将结束。大家还记得吗，我们和小组同学创建了一个“家”，和组内的“家庭成员”一起学做小当家，分享一家人相亲相爱的故事。你印象最深刻的内容或活动是什么呢？

2. 教师出示：本学期学生课堂作品照片。

3. 教师组织学生绘制学期“气泡图”[1]。

【提示】教师带一年级学生绘制的学期“气泡图”需要包含三级，即学期主题、单元主题和课堂主题。具体可以参考电子课件中的三级“气泡图”示范。

环节四：我的学期成长档案（20分钟）

（一）目标

在教师的指导下，学生填写“我的学期成长档案”进行自我评价和小组互评。

（二）步骤

1. 教师引入：现在，我们完成了乡土课“我爱我家”的学习，也意味着本学期的乡土课即将结束了，同学们在乡土课的学习中做得怎么样呢？我们一起来评一评吧！

2. 教师组织学生填写“我的学期成长档案”[2]。

3. 教师可结合实际情况，组织学生分享学期个人成长情况。

4. 教师组织各小组，遵守“轮流发言”的合作学习约定，互相表达感谢。感谢这个学期，彼此之间的支持与帮助。

【提示】如果课上时间紧张，教师可另行安排时间，组织学生开展总结评价。以便让学生看到自己和他人的进步和成长。

---

1 “气泡图”的绘制方法，可参考“‘家宴美食’秀”，见本书第 37 页。

2 “我的学期成长档案”的填写方法，可参考“画画我的家庭树”，见本书第 18 页。

六、参考板书

今日主题：我为我家写首诗　　　　日　期：　　年　月　日

《我爱我家》

家是＿＿＿＿＿；

爱是＿＿＿＿＿；

爱让家＿＿＿＿；

我爱我家。

七、气泡图

本“气泡图”仅展示了学期内容框架，教师带领学生绘制“气泡图”时，可参考电子课件中的“气泡图”范例。

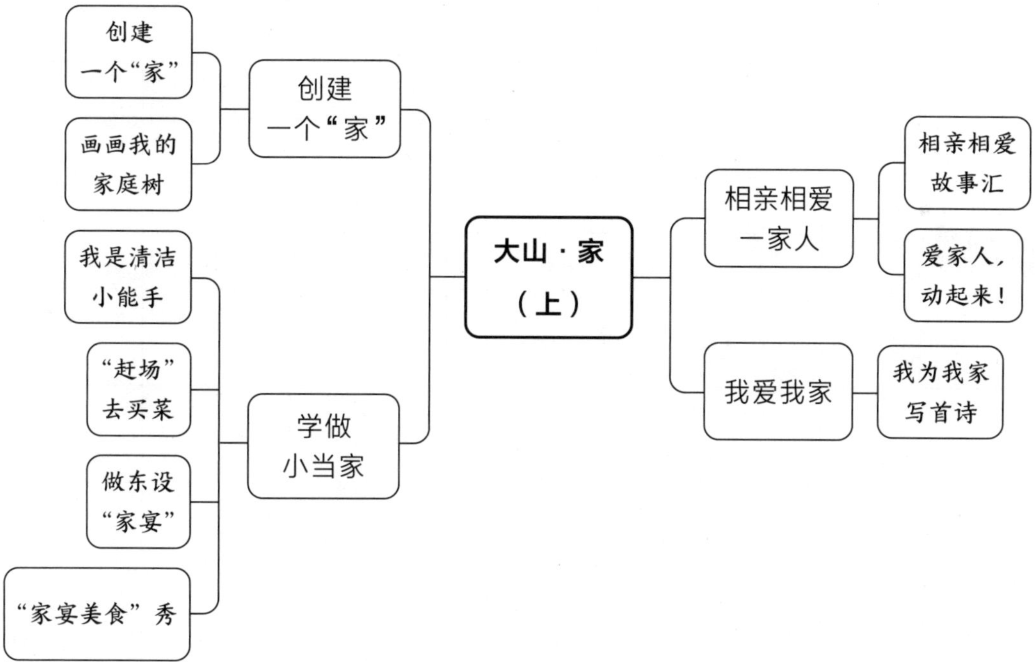

附录 1 “大山 · 家”（上）教具清单

序号	对应课程	物品名称	单位	分配方式	使用说明
1	整个学期	《大山 · 家》（引导手册）	本	1 本 / 师	教师使用
2		《大山 · 家（上）》（探索手册）	本	1 本 / 生	学生使用
3		彩笔	盒	1 ~ 2 盒 / 组	绘画
4		胶棒 / 胶水	个	1 个 / 组	手工
5		双面胶	个	1 个 / 组	手工
6		彩泥 / 超轻黏土	包	1 包 / 组	用量视实际需求
7		彩纸	张	1 张 / 组	用量视实际需求
8		硬卡纸	张	1 张 / 组	用量视实际需求
9		儿童安全剪刀	把	2 ~ 3 把 / 组	手工
10		计时器	个	1 个 / 班	计时
11	乡土课初体验	自制分组卡片	套	根据实际所需准备	分组
12	第 3 课 我是清洁小能手	扫把、拖把	把	1 把 / 组	清洁工具
13		水盆、撮箕、水桶	个	1 个 / 组	
14		抹布	条	2 ~ 3 条 / 组	
15		报纸	张	1 张 / 组	
16		“清洁小能手”奖状	张	6 张 / 班， 每项 2 张	家务劳动 比赛表彰
17	第 4 课 “赶场”去买菜	手写 100 元代币 “采购代金券”	张	1 张 / 组	采购食材
18	第 5 课 做东设“家宴”	纸碟	个	8 个 / 组	手工
19		彩泥塑形小工具	个	3 个 / 组	手工
20	第 7 课 相亲相爱故事汇	《花栗鼠一家》	本	1 本 / 班	课堂教具
21	第 8 课 爱家人，动起来！	彩线	根	1 根 / 组	爱心卡手工
		胶棒或胶水	支	1 支 / 组	

附录 2 |“大山 · 家”（上）学生学期评价量表

素养目标	评价标准			
	非常出色	再接再厉	努力加油	还需改进
自信分享	1. 愿意分享 2. 较为自觉地遵守分享规则 3. 分享主题明确、内容清晰丰富	1. 愿意分享 2. 遵守分享规则 3. 分享主题明确、内容清晰	在教师引导下： 1. 愿意分享 2. 遵守分享规则 3. 能围绕主题分享	1. 不愿意分享 2. 不能遵守分享规则 3. 分享主题不明确、内容不清晰等
社会责任	1. 大多数情况，能自觉遵守各项规则 2. 能尊敬长辈 3. 愿意主动尝试承担家务	1. 半数情况下，能遵守各项规则 2. 能尊敬长辈 3. 在他人指导下，能分担简单的家务	在教师引导下： 1. 有遵守各项规则的意识 2. 有尊敬长辈的意识 3. 在他人的要求下，能分担家务劳动	经教师多次提醒： 1. 无法遵守各项规则 2. 不尊重老师、长辈与同学等 3. 不愿意或不做家务等
勇于探究	1. 对课堂主题表现出强烈的好奇心和探究兴趣 2. 能积极参与观察、探究活动	1. 对课堂主题表现出一定的好奇心和探究兴趣 2. 能较积极地参与观察、探究活动	在教师引导下，能参与课堂的探究活动	学生消极对待探究活动，不愿意尝试等
实践创新	1. 能辨认并正确使用常用的清洁工具 2. 能发挥创意和想象力，进行简单的物品设计，作品契合主题，形象生动	1. 能辨认常用的清洁工具 2. 能发挥创意和想象力，进行简单的物品设计，作品契合主题	1. 在教师引导下，知道常用的清洁工具 2. 能根据主题，进行简单的物品设计	不认识清洁工具，不能进行简单的物品设计等
乐学善学	1. 在大多数课堂中，能积极举手发言、参与活动，认真完成课堂任务 2. 能绘制层次完整、字迹工整的三级主题“气泡图” 3. 能认真完成“我的成长档案”，初步认识自己和组员的学习和行为表现	1. 半数课堂中，主动举手发言、参与活动，完成课堂任务 2. 能绘制完整、清晰的三级主题“气泡图” 3. 能认真完成“我的成长档案”，初步认识自己和组员的学习和行为表现	在教师引导下： 1. 能举手发言、参与活动，经教师提醒有改进 2. 能绘制三级主题“气泡图” 3. 能完成“我的成长档案”	1. 大部分课堂中，不积极参与，经常开小差等 2. 不能绘制三级主题“气泡图” 3. 不能完成“我的成长档案”

（续表）

素养目标	评价标准			
	非常出色	再接再厉	努力加油	还需改进
沟通合作	1. 能积极参加小组讨论 2. 能认真遵守“轮流发言”“专注倾听”“举手表决” 等合作学习约定 3. 能围绕主题或任务，认真完成自己的分工	1. 大多数情况能积极参加小组讨论 2. 能基本遵守“轮流发言”“专注倾听”“举手表决” 等合作学习约定 3. 能围绕主题或任务，完成自己的分工	1. 能有序参加小组讨论 2. 能围绕主题或任务，在他人帮助下完成自己的分工	1. 消极对待小组任务 2. 不能遵守合作学习约定等
审美情趣	1. 能用简短的话或者词语欣赏他人作品 2. 创作的作品，主题鲜明、线条流畅、轮廓清晰、色彩协调、作品内容丰富、画面干净（任意达成 2 点即可）	1. 能欣赏他人作品 2. 创作的作品，主题鲜明、线条流畅、轮廓清晰、色彩协调、作品内容丰富、画面干净（任意达成 1 点即可）	在教师引导下： 1. 能有序参加欣赏他人作品的活动 2. 创作的作品符合主题	1. 不愿意参加欣赏他人作品的活动等 2. 消极对待创作活动，作品混乱，内容不清晰

大山·家 | 下

乡土课再出发
（2 课时）

一、教学目标

1. 通过教师讲解，学生回顾《乡土开课辞》、音量规则、分享规则，学习新学期的课堂规则。

2. 在教师引导下，通过“找朋友”游戏，学生组建新的学习小组。

3. 在教师引导下，各小组通过“轮流发言”“举手表决”，确定小组名和组长。

二、教学重难点

学生组建新的学习小组。

三、教学建议

1. 教师需根据班级实际人数，确定每组人数。

2. 教师需结合学生实际学情，灵活调整分组方法。在本次课后，教师可以根据学生能力，与学生沟通情况调整分组。

四、教学准备

1. 分组卡片：教师根据班级分组情况，准备与小组数量匹配的分组卡片。卡片上写“乡”“土”“课”“大”“山”“家”等字，每个字拳头大小。

2. 教室布置：教师提前将桌椅布置成小组围坐方式[1]。

3. 沟通准备：教师可在课前找学生，讲解并练习“轮流发言”“举手表决”的合作学习约定，在正式上课时给其他同学做示范。

1　参见《吾乡吾土指导纲要》（孔学堂书局 2025 年版）第五章内容。

4. 活动参考：若教师与学生第一次上乡土课，可参考“乡土课初体验”的内容授课。

5. 课堂规则：教师课提前制订 3 ～ 4 条课堂新规则。

五、教学内容

本次课共 7 个环节，分别是“走进乡土课”“我和新组员”“投票选组长”“投票定组名”“小组初亮相”“课堂新规则”“本节课总结”，课程时长 80 分钟（2 课时）。

环节一：走进乡土课（5分钟）

（一）目标

通过本环节，学生回顾上学期课程内容、活动规则和《乡土开课辞》，为本学期课堂奠定基础。

（二）步骤

1. 教师引入：欢迎同学们来到新学期的乡土课！从今天开始，我们要再次一起踏上新的乡土之旅！这学期，我们会一起学习什么呢，同学们是不是很期待呢？让我们先复习一下我们的《乡土开课辞》吧！

2. 师生诵读《乡土开课辞》：教师先诵读一遍，再配合动作、带领学生共读一遍。

树高千丈，叶落归根；惟以家乡，吾生有祥；

里仁为美，祖德流芳；土育万物，乡承文化；

血脉相连，挚爱莫忘；感恩乡土，厚福有望。

3. 教师引入：同学们诵读的声音真是洪亮整齐。那大家还记得我们的音量规则吗？

4. 教师介绍音量规则。

（1）“0”：无声（倾听和自主创作时）。

（2）“1”：小声，即耳语（两人小声交流时）。

（3）“2”：轻声细语，组内能听到（小组合作时）。

（4）“3”：大声洪亮，全班能听清楚（分享时）。

5. 教师组织学生回顾上学期探索内容。

6. 教师出示：上学期“气泡图”。

环节二：我和新组员（20分钟）

（一）目标

通过“找朋友”游戏，学生组成新学期的学习小组，为本学期开展小组活动做好准备。

（二）步骤

1. 教师介绍任务及规则：找朋友。

（1）每人抽取1张小卡片。

（2）走动起来互相看看其他同学的卡片上写了什么。

（3）持有相同卡片内容的同学手拉手走到一起。

（4）音量不超过“2”，时长10分钟。

2. 教师组织学生抽取卡片。

3. 教师组织学生开展“找朋友”游戏。

4. 学生找到“朋友”，形成小组，教师组织各小组同学在指定位置就座。

【提示】

①小组形成后，教师即指定小组坐在哪个位置。如有同学想要拿原来座位上的笔和本子，教师可以集中给学生2分钟时间，以“1”的音量拿东西。

②教师对活动中学生的表现给予点评和鼓励，如是否遵守音量规则、互助等方面。

5. 教师宣布小组成立。

6. 教师组织小组代表带着卡片走到台上，将卡片上的字拼一拼。

7. 教师说明本学期主题为“大山·家”。

环节三：投票选组长（15分钟）

（一）目标

学生通过“轮流发言”“举手表决”，选出组长。

（二）步骤

1. 教师引入：组长是老师的小助手，主要任务是协助老师开展活动、维持小组纪律、帮助小组更好地完成任务，所以我们每个小组要选出一位组长。

2. 教师发布任务：选组长。

（1）音量为“2”，时长8分钟。

（2）从某位同学开始发言，其他成员依次发言。

（3）所有人都发言后，举手表决选组长。

（4）得票最高的同学即为组长。

（5）遵守合作学习约定：“轮流发言”“举手表决”。

轮流发言	
该怎么做？	该怎么说？
一次只有一个人发言	我建议组长是……，因为……

（续表）

举手表决	
该怎么做？	该怎么说？
①同意举手 ②不同意则不举手	①我同意，我举手 ②我不同意，我不举手

3. 教师组织示范：教师选择一个小组，带领该组组员，向全班同学示范“轮流发言”“举手表决”。

4. 教师组织各组完成选组长的任务。

【提示】如果一年级还需要更加细致的指导，教师可以依次指导小组完成该项任务。如果学生已经掌握了“轮流发言”和“举手表决”的合作学习约定，则几个小组可以同时完成该任务。

5. 教师组织各组汇报组长姓名，并记录在黑板上。

环节四：投票定组名（10分钟）

（一）目标

学生通过“轮流发言”“举手表决”，确定组名。

（二）步骤

1. 教师介绍任务及规则：投票定组名。

（1）组长组织组员遵守合作学习约定“轮流发言”，表达想法。

（2）所有人发言后，组长组织大家遵守合作学习约定“举手表决”，确定组名。

（3）音量为“2”，时长 8 分钟。

2. 教师示范：“轮流发言”“举手表决”。

轮流发言	
该怎么做？	该怎么说？
一次只有一个人发言	组员：我建议组名叫…… 组长：轮到你说
举手表决	
该怎么做？	该怎么说？
①同意举手 ②不同意则不举手	①我同意，我举手 ②我不同意，我不举手

3. 教师组织小组完成定组名的任务。

【提示】教师可以依次指导小组完成该项任务。如果学生能较好掌握并遵守合作学习约定，则几个小组可以同时完成该任务。

环节五：小组初亮相（20分钟）

（一）目标

通过小组亮相，学生熟悉分享礼仪与倾听规则。

（二）步骤

1. 教师介绍任务及规则：小组亮相。

（1）回顾上台分享礼仪：一边上台，一边下台。

（2）所有人站定后，小组成员一起鞠躬后说：“大家好，我们是……组”。组长介绍自己“我是组长……”后，组员依次介绍自己“我是组员……”。所有人介绍完毕后，小组成员一起说：“谢谢大家！”

（3）台上的分享者音量为“3”；台下的倾听者音量为“0”。

（4）台下的同学听完他人分享后，及时把掌声送给台上的分享者。

2. 教师组织小组依次上台亮相。

【提示】教师引导台下同学注意倾听，各小组分享完毕，教师要发现各小组的优点，及时予以肯定和鼓励。比如：声音洪亮、吐字清楚、遵守分享礼仪和规则等。若班级人数、小组数较多，教师可视实际时间决定分享小组数。

3. 教师总结：希望各小组在乡土课堂中有更好的表现。

环节六：课堂新规则（5分钟）

（一）目标

通过教师引导，学生了解本学期课堂规则的具体行为要求。

（二）步骤

1. 教师引入：为了保证乡土课的顺利开展，同学们需要遵守课堂规则，大家看看，这些是不是我们要遵守的呢?

2. 教师出示：本学期的课堂新规则。

3. 教师组织学生学习课堂新规则。

【提示】教师可根据实际情况调整课堂规则的内容。教师需对课堂规则做详细解释和充分示范。如课前准备包括哪些［《大山·家（下）》（探索手册）、笔、橡皮等］，摆放要求是什么；举手发言中，教师期待的举手动作是什么样的；坐姿端正，双手如何摆放等。教师可以鼓励同学们发表补充意见，经全班投票后，确定新的课堂规则。

环节七：本节课总结（5分钟）

1. 教师总结今日所学。
2. 教师组织学生填写《大山·家（下）》（探索手册）中对应课程的“今日收获”。

六、参考板书

今日主题：乡土课再出发　　　　日　期：　　年　月　日

乡土开课辞　音量规则　“找朋友”

学期主题：大山·家

选组长　定组名　小组亮相

课堂新规则

第一单元 美丽山村我的家

一、单元设计思路

“美丽山村我的家”是“大山·家”主题下学期的第一个单元。通过上学期的学习，学生已经初步理解了“家”的概念。本单元中，学生对“家”的概念认识将由自己的家庭扩展到邻里之间形成的“大家”，也是我们的家乡——村。

本单元属于五步教学法中的“体验”和“学习”环节。通过各种体验和学习活动，让学生感受家乡的美景、认识家乡的各种美味等，建立起对家乡即村庄的认同。同时通过情境模拟，让学生认识到，想要让村庄变得更加美丽和谐，不仅需要大家共同维护良好的环境，还需要邻里之间的相互帮助、包容与谦让。

二、单元跨学科设计

本单元课程涉及语文、综合实践、美术三门学科。

三、单元目标

（一）乡土认同

通过观察、教师讲解、情境模拟等形式，学生能发现自己村庄的美好，初步建立对本村的正向认识。

（二）沟通合作

学生愿意参加讨论，能在讨论中遵守“轮流发言”“专注倾听”等合作学习约定。

（三）勇于探究

学生对寻找春天、制作美食等活动感兴趣，积极参与活动。

（四）实践创新

学生学习家乡某种美食的制作流程，尝试制作家乡美食。

（五）自信分享

学生能遵守分享礼仪和规则，声音洪亮、有礼貌地分享观察、思考、创作成果等。

（六）社会责任

通过体验、情境模拟等形式，学生能意识到可以通过自己的点滴行动让村庄更加和谐美好。

（七）乐学善学

1. 学生能积极参与课堂互动、小组讨论等不同类型的学习活动。

2. 学生能绘制三级主题单元“气泡图”并用颜色不同的线条区分不同课堂主题。

3. 学生通过填写“我的单元成长档案”进行自我评价和小组互评。

四、单元课程目录

第 1 课　寻找家乡的春天（2 课时）

第 2 课　我的家乡美味多（上）（2 课时）

第 3 课　我的家乡美味多（下）（2 课时）

第 4 课　邻里友好靠大家（2 课时）

第 5 课　山村环境我守护（2 课时）

第 6 课　美丽山村诗歌颂（2 课时）

五、相关概念

家乡：自己家庭祖祖辈辈的居住地；指自己小时候生长的地方或祖籍，又被称为“故乡”“老家”“故园”等；家乡也可以是有归属感和安全感的地方。

邻居：住家接近的人或人家。

村：村庄，泛指较小的居住区。

第1课 寻找家乡的春天（2课时）

一、教学目标

1. 通过教师引导和讲解，学生了解并能在户外活动中遵守户外课堂约定。

2. 在户外活动中，学生通过眼睛、耳朵、鼻子体验家乡春天之美，初步感受家乡美。

3. 通过教师示范，结合自己的理解，学生能遵守分享规则，使用“春天在……”的句式分享自己的观察。

4. 结合前期所学和教师引导，学生初步理解“家乡”的概念。

二、教学重难点

1. 教学重点：学生能发现家乡春天的景色特点。

2. 教学难点：学生能安全、有序地开展户外活动。

三、教学建议

1. 在开展户外活动前，教师需和学生明确户外课堂约定和违反约定的处理办法。

2. 教师先带领学生在校内演练如何“排好队、低声走”，确保学生能遵守规则后，再带出学校。

四、教学准备

1. 课件：儿歌《春天在哪里》的音乐、歌词，放入课件。

2. 教学支持：邀请1名助教参与户外课堂维持秩序。

3. 户外活动准备：教师提前外出踩点，设计出行路线，可以在路线中设置1～3个观察点，每个观察点侧重点不同：有的观察点侧重用眼睛观察自然物，有的观察点侧重用耳朵倾听各种自然声音，有的观察点侧重用鼻子闻到自然的味道，也可以在同一个观察点进行多感官体验。

五、教学内容

本次课共5个环节，分别是“上节课回顾”“共学户外课堂约定”“寻找春天”“共同创作歌谣”“本节课总结”，课程时长80分钟（2课时）。

环节一：上节课回顾（5分钟）

1. 齐诵《乡土开课辞》。

2. 教师组织学生回顾课堂规则。

3. 教师组织学生回顾上节课主要内容。

环节二：共学户外课堂约定（5分钟）

（一）目标

学习户外课堂约定，树立户外课堂活动的规则意识。

（二）步骤

1. 教师引入：本学期的主题是“大山·家”，这个学期，我们会在上学期的基础上，走出教室，去认识家乡的美。

2. 思考与互动：户外课堂，要遵守哪些规则才能保证良好的秩序?

3. 学生自由发言，教师进行归纳总结。

4. 教师介绍户外课堂约定及违反约定的处罚。

户外课堂约定：不远跑，爱花草；有问题，找老师；排好队，看脚下；点人数，及时报；低声走，听指挥。

处罚办法：若个别同学违反约定，先提醒；每提醒1次，该同学暂停活动3～5分钟；若一位同学被暂停超过3次，则取消其下次外出机会；若班级整体秩序差，则暂停本次户外课或取消下次户外课。

环节三：寻找春天（40分钟）

（一）目标

学生能遵守户外课堂约定，顺利开展户外观察任务。

（二）步骤

1. 教师播放儿歌《春天在哪里》。

2. 教师引入：同学们，现在是什么季节？对，春天。儿歌里说的“春天”在哪里呢？你有没有发现？今天，我们要一起走出去，发现和寻找家乡的春天。

3. 教师发布任务：寻找家乡的春天。

（1）以小组为单位，寻找春天。

（2）音量小于“2”。

（3）遵守合作学习约定：“多方求助”“积极助人”。

多方求助	
该怎么做？	该怎么说？
按求助顺序，主动求助 顺序：组员→组长→其他小组→老师	①可以帮帮我吗？ ②我需要……的帮助
积极助人	
该怎么做？	该怎么说？
积极提供帮助	①你需要帮忙吗？ ②我来帮你吧！

4. 教师组织示范：“多方求助”“积极助人”。

5. 教师讲解“探索手册”如何填写。

6. 教师组织学生带好“探索手册”和铅笔、橡皮，用“1”的音量列队，出发。

7. 师生走到村里第一个观察点，互动提问：看一看，你找到春天在哪里了吗？将你的观察发现记录下来吧！

【教师引导参考】看远处山有没有变化；小河有没有变化；附近的田有没有变化；旁边的大树、小花、小草、小动物有没有变化。

8. 师生走到村里第二个观察点，互动提问：听一听，你找到春天在哪里了吗？将你的观察发现记录下来吧！

【教师引导参考】闭上眼睛，用小耳朵仔细听，你听到了什么声音？你听到了几种小鸟的声音？你听到风吹树叶的声音了吗？

9. 师生走到村里第三个观察点，互动提问：闻一闻，你找到春天在哪里了吗？将你的观察发现记录下来吧！

【教师引导参考】闭上眼睛，用小鼻子闻一闻，你闻到了什么？有没有闻到花香？有没有闻到青草的味道？

10. 户外活动结束，教师组织学生列队返回教室，并完善“探索手册”。

【户外教学建议】

①以小组为单位，学生在教师选定的范围内自由活动，小组内每位成员进行独立的观察。

②教师根据具体情况调整观察时间，每个点观察 5 ~ 10 分钟；看、听、闻的顺序可以根据具体情况调整。

③教师也可以在同一个观察点，引导学生用眼睛看、耳朵听、鼻子闻。

④户外观察活动中，教师要随时关注学生的行为，如有不遵守户外课堂约定的，要及时提醒，按

照前面的约定作相应处理。

环节四：共同创作歌谣（25分钟）

（一）目标

学生分享时能遵守分享礼仪和规则，并集体创作一首《春天在哪里》童谣。

（二）步骤

1. 教师介绍任务及规则：创作歌谣《春天在哪里》。

2. 教师示范：分享外出观察的发现。

我看到李子树开满了小白花；

我听到麻雀的叫声；

我闻到野蔷薇的花香；

春天在浅绿色的山里；

春天在桃花的花苞上。

3. 教师组织学生分享。

4. 教师组织全班同学一起读一读。

5. 思考与互动：家乡的春天美吗？你喜欢家乡的春天吗？尝试用自己的话说说什么是“家乡”。

6. 教师总结：“家乡”是一个人或其家庭祖祖辈辈长期居住的地方，常被称为“老家”或“故乡”。由于我们长期生活在村里，我们的家庭和祖辈也在这里，因此这里就是我们的家乡。家乡的春天很美，如果仔细观察，你会发现不同的季节，家乡有不同的美。那么，从今天这次课开始，我们就进入“美丽山村我的家”单元的学习，一起来了解我们美丽的村庄。

环节五：本节课总结（5分钟）

1. 教师总结今日所学。

2. 教师组织学生填写“探索手册”中对应课程的“今日收获”。

六、参考板书

今日主题：寻找家乡的春天　　　　日　期：　　年　月　日

《春天在哪里》

我看到______；

我听到______；

我闻到______；

春天在______；

春天在______。

第2课 我的家乡美味多（上）（2课时）

一、教学目标

1. 通过观察和品尝美食活动，结合教师引导，学生能从色、味、形等维度描述家乡美食的特点。

2. 通过品尝美食活动和教师讲解，学生能了解家乡美食的名称和特点，感受家乡美食的多样性。

3. 通过教师引导，结合所学，学生能选择一种家乡美食，为其设计一句广告词。

二、教学重难点

1. 教学重点：学生能观察并描述家乡美食的特点。

2. 教学难点：学生能绘制美食创意画，并创作美食广告语。

三、教学建议

1. 教师做轮流发言观察美食示范。如果必要，可以组织小组依次开展活动。

2. 教师提供简单的示范广告语。

3. 教师提供一些手绘美食的图片，供学生绘画参考。

四、教学准备

1. 当地美食：2 ~ 3 种，分成小份或切成小块，让每个小组能品尝到至少 2 种。教师可视实际情况决定美食的种类和数量，本篇以汤圆为例。

2. 工具：牙签、筷子、勺子、碗、碟等若干。

3. 照片或视频：以当地特色美食为主题的照片或视频。

4. 图画：以当地美食为主题的手绘图片。

五、教学内容

本次课共 4 个环节，分别是“上节课回顾”“家乡美味品尝会”“设计美食广告语”“本节课总结”，课程时长 80 分钟（2 课时）。

环节一：上节课回顾（5分钟）

1. 齐诵《乡土开课辞》。

2. 教师组织学生回顾课堂规则。

3. 教师组织学生回顾上节课主要内容。

环节二：家乡美味品尝会（35分钟）

（一）目标

学生使用多种感官，观察和品尝家乡美食，并学习从色、味、形几个维度具体地描述一种美食。

（二）步骤

1. 教师引入：同学们，你们都去吃过席吧？哪些菜肴你最爱吃？每个地方都有自己独特的美食。你知道咱们家乡有哪些特色美食吗？能说说你吃过哪些美食，这些美食都是什么样的吗？

2. 教师介绍任务及规则：观察家乡美食。

（1）音量为“2”，时长 5 分钟。

（2）只用眼睛观察，不动手、不动口。

（3）遵守合作学习约定：“轮流发言”。

轮流发言	
该怎么做？	该怎么说？
一次只有一个人发言	①……是……色，……形状的 ②轮到你来说了

3. 教师示范：汤圆是雪白雪白的，圆溜溜的。

4. 教师组织各小组领取美食。

5. 教师组织各小组完成任务。

【提示】提醒学生不争抢，观察的时候不用手摸，并说明后面会安排大家品尝。

6. 教师介绍任务及规则：品尝美味。

（1）以小组为单位，品尝美食。

（2）音量为“2”，时长 5 分钟。

（3）遵守“轮流发言”的规则，描述美食味道。

轮流发言	
该怎么做？	该怎么说？
一次只有一个人发言	①……是…… ②……吃起来，味道…… ③我觉得……很美味

7. 教师示范：汤圆软软糯糯；汤圆吃起来味道香甜；我觉得汤圆很美味。

8. 教师组织各小组领取品尝美食的工具（牙签等），组织小组完成任务。

9. 教师组织同学们继续观察和品尝第二种、第三种美食。

10. 教师小结：我们刚才从颜色、形状和味道几个角度观察和品尝了美食，同学们以后可以从这几个方面来向大家介绍美食哦！

11. 教师展示本地美食图片，学生自由分享是否尝过并进行描述。

12. 教师总结：我们家乡的美食真多呢！

【提示】教师根据当地情况，准备美食图片，也可融入美食的制作过程、美食历史故事等内容。

环节三：设计美食广告语（35分钟）

（一）目标

在教师示范指导下，学生创作出一条美食广告语。

（二）步骤

1. 教师引入：好的东西要分享，好的东西也要宣传，才能让更多人知道。同学们看过电视，电视里经常会播放广告来宣传产品，你记得哪些广告呢？今天，我们也要给我们家乡的美食设计广告语，吸引大家来品尝。

2. 教师发布任务：我为美食写广告语。

（1）每人选一种自己喜欢的美食。

（2）画一画，并在旁边写一句广告语，让更多人了解自己家乡的美食。

（3）音量为“1”，时长10分钟。

（4）不会写的字用拼音代替或按照求助顺序求助。

3. 教师出示：美食广告语。

贵州（产地）粽粑，每一口都是家的味道！

贵州（产地）汤圆，团圆的象征，甜蜜的滋味！

贵州（产地）米皮，美味又健康！

4. 教师组织学生创作一则广告语并做分享。

5. 教师总结：我们的家乡坐落在云贵高原的大山里，这里不仅有秀美山水，还有丰富多样的美食等待我们去了解。居住在山里的人们发挥他们的智慧，利用独特的气候环境与特有食材，制作出了各种各样的美食。家乡的美食真多呀！

环节四：本节课总结（5分钟）

1. 教师总结今日所学。

2. 教师组织学生填写“探索手册”中对应课程的“今日收获”。

六、参考板书

今日主题：我的家乡美味多（上）	日　期：　年　月　日
观察和品尝美食：颜色　形状　味道	

第3课 我的家乡美味多（下）（2课时）

一、教学目标

1. 通过制作美食活动，学生能了解食材并掌握其基本的制作方法。

2. 通过制作美食活动，学生能进一步体会家乡人制作美食的智慧。

二、教学重难点

1. 教学重点：学生基本掌握一种家乡美食的制作方法。

2. 教学难点：小组能有序地开展美食制作任务。

三、教学建议

1. 本次课以制作汤圆为例，教师可根据实际情况，灵活调整教学内容。

2. 在正式活动前，教师应先通过视频图片、示范等方式，讲清楚操作步骤。

四、教学准备

1. 食材：糯米粉、温水、馅料（猪油、白糖、黑芝麻、花生、核桃等）。[1]

2. 厨具和餐具：盆（和糯米面、盛放制作完成的汤圆）、碗、勺、电磁炉和锅等。

3. 视频：以“做汤圆”为主题的视频[2]。

4. 教学支持：教师可邀请1名助教协助组织活动。

5. 其他：如果教师计划带领同学们做其他美食，应根据实际需要做相应的准备。

1　教师可以提前和面并制作好馅料，重点让学生体验包汤圆的过程。

2　网络搜索关键词“汤圆　制作”即可获得。

五、教学内容

本次课共 4 个环节，分别是“上节课回顾”“汤圆做法我知道”“一起做汤圆”“本节课总结”，课程时长 80 分钟（2 课时）。

环节一：上节课回顾（5分钟）

1. 齐诵《乡土开课辞》。

2. 教师组织学生回顾课堂规则。

3. 教师组织学生回顾上节课主要内容。

环节二：汤圆做法我知道（35分钟）

（一）目标

学生能说出汤圆的特点、制作材料和方法。

（二）步骤

1. 教师引入：上节课，我们品尝了汤圆，同学们在家里吃过汤圆吗？通常什么时候会吃汤圆？你吃过什么口味的汤圆？你做过汤圆吗？你知道汤圆是怎么制作出来的吗？今天，我们就一起来做做汤圆吧！

2. 教师播放汤圆制作步骤的视频，提示学生注意观察制作汤圆的材料、步骤。

3. 思考与互动。

（1）制作汤圆需要哪些材料？

（2）制作汤圆分为哪几步？

（3）关于汤圆，你还知道什么？

4. 教师总结。

（1）汤圆制作的步骤：温水和面→制作馅料→包汤圆。

（2）汤圆不仅是一种美食，更是一种文化的传承和情感的寄托。

在贵州，元宵节吃汤圆象征着团圆和幸福，人们通过吃汤圆来表达对家人的思念和对美好生活的向往。贵州的汤圆种类繁多，口感各异，有甜有咸，有荤有素，满足了不同人的口味需求。例如，毕节汤圆是贵州的一种传统名吃，它以糯米为主要原料，酥麻、猪油、芝麻、花生、核桃、玫瑰、白糖等作为辅料，口感香糯绵软，满口生香；而兴义鸡肉汤圆则是以鸡肉为馅，灌鸡汤，点芝麻酱，口感鲜香浓郁，独具特色。

环节三：一起做汤圆（35分钟）

（一）目标

学生掌握包汤圆的技巧，体验制作汤圆的过程。

（二）步骤

1. 教师示范包汤圆：取适量的糯米团（核桃大小），先揉成一个球形，然后在中间捏出一个小窝，取一些馅料放入窝中，用手的虎口位置包好，再放入掌心继续搓圆。

2. 教师组织学生洗手、领取材料。

3. 教师介绍任务及规则：包汤圆。

（1）组长给组员发放一块适量的糯米团。

（2）面团揉捏好后，取少量的馅料包。

（3）团好后，检查过关，放进盘里。

（4）音量为“2”，违规者暂停参与活动。

（5）遵守合作学习约定：“多方求助”“积极助人”。

4. 教师组织学生开展活动。

5. 汤圆包好后，教师组织各组清理收拾材料和用具，打扫卫生。

6. 思考与互动。

（1）你会煮汤圆吗?

（2）煮汤圆有什么注意事项?

7. 教师组织学生煮汤圆。

【提示】为保证安全，煮汤圆工作需由教师操作完成。如教室里可以操作，则教师煮，学生保持安全距离观看。如教室里不能操作，则由教师请各组长协助，把汤圆拿到厨房煮熟，再端到教室给学生品尝。

8. 教师组织学生品尝汤圆、收拾清理现场。

9. 思考与互动。

（1）做汤圆要用哪些材料？分为哪几步?

（2）你有什么感受和发现?

10. 教师总结：煮汤圆的步骤。

（1）温水下锅。

（2）水开后，加一碗凉水。

（3）水再次烧开，汤圆变大，浮在水面上，即可出锅。

环节四：本节课总结（5分钟）

1. 教师总结今日所学。

2. 教师组织学生填写“探索手册”中对应课程的“今日收获”。

六、参考板书

今日主题：我的家乡美味多（下）　　　　日　期：　年　月　日

汤圆制作步骤：温水和面→制作馅料→包汤圆→煮汤圆

（实际制作美食步骤）

第4课 邻里友好靠大家（2课时）

一、教学目标

1. 通过学习《六尺巷》的故事，学生能认识到，当邻里之间发生矛盾冲突时，应学会相互谦让、彼此包容，并在需要时互相帮助，共同营造和谐的邻里氛围。

2. 通过角色扮演活动，学生能使用恰当的劝说方式，提升语言表达能力。

3. 通过学习和活动，学生能理解邻里之间友好相处的重要性，并认识到每个人都需要为之付出努力。

二、教学重难点

1. 教学重点：学生了解邻里相处的正确方式，理解邻里之间的摩擦和基本处理方法。

2. 教学难点：学生能使用恰当的肢体动作和语言进行矛盾劝解。

三、教学建议

在看动画、读故事的过程中，教师应引导学生总结邻里之间应该怎么做、不应该怎么做，并在表演时给予语言框架的辅导。

四、教学准备

视频：《六尺巷》的故事[1]。

五、教学内容

本次课共5个环节，分别是“上节课回顾”“谁害了我家牛”“共读故事”“两位伯伯我来劝”“本

1 网络搜索关键词“德育 故事 六尺巷”即可获得。

节课总结”，课程时长80分钟（2课时）。

环节一：上节课回顾（5分钟）

1. 齐诵《乡土开课辞》。

2. 教师组织学生回顾课堂规则。

3. 教师组织学生回顾上节课主要内容。

环节二：谁害了我家牛（15分钟）

（一）目标

学生能理解故事内容，思考如何解决矛盾。

（二）步骤

1. 教师引入：人们共同生活在村子里，邻里之间难免会因为各种事情发生矛盾。听说，最近村里也发生了一个小矛盾。

2. 教师讲故事：《谁害了我家牛》。

村里老宋和老李两家是邻居。7月15日这天，老宋按照老样子去地里放牛。老宋放牛时没把牛拴牢，牛偷吃了老李田里两分地的玉米。老李去地里干活发现自己家玉米被牛吃了，认为是老宋家的牛吃了自己的玉米，气冲冲地去找老宋理论，但老宋拒不认账。老李很生气，偷偷给老宋的牛喂了50粒生巴豆仁（注：吃了巴豆，人和动物会拉肚子），导致宋家的牛拉肚子。老宋上门找老李吵架，双方打起架来。

3. 思考与互动。

（1）这个故事里都有谁？

（2）老宋伯伯放牛时，发生了什么？

（3）谁害了宋家的牛？他为什么这么做？

4. 教师介绍任务及规则：我来说故事。

（1）小组先请一个同学来讲述这个故事。

（2）其他同学轮流补充细节。

（3）故事内容可以参考“探索手册”。

（4）小组至少有一个同学能用自己的话完整讲解故事内容了，即举手示意。

（5）音量为“2”，时长10分钟。

（6）遵守合作学习约定：“轮流发言”。

5. 思考与互动。

（1）如果我们遇到这种情况，该怎么办？

（2）如何让两位伯伯不再吵架呢？

环节三：共读故事（20分钟）

（一）目标

通过《六尺巷》的故事，学生能初步理解邻里之间要和睦相处。

（二）步骤

1. 教师引入：如果我们家人和邻居发生争吵了，我们应该怎么办呢？我们来通过一则故事，看看充满智慧的古人是怎么做的吧！

2. 教师播放视频：《六尺巷》的故事。

【提示】可根据学生理解情况，播放1～2遍视频；教师可以对“各退让三尺”作更形象的解释。

3. 思考与互动。

（1）这个故事的主人公是谁？他俩是什么关系？

（2）他们为什么争吵？

（3）《六尺巷》的故事告诉我们什么道理？邻里之间应该怎么做？不应该怎么做？

（4）在你和同学相处的过程中，是否也出现过争吵呢？

（5）关于和同学相处，《六尺巷》的故事能给我们什么启发？

4. 教师总结：邻里相处，应该相互包容、相互谦让；不应该斤斤计较、相互争吵。

环节四：两位伯伯我来劝（35分钟）

（一）目标

在角色扮演活动中，学生能尝试使用“我们是……应该……不应该……”的句式进行劝说，进一步体会邻里之间应该相互谦让、和睦相处。

（二）步骤

1. 教师引入：学习了《六尺巷》的故事，我们能不能帮两位伯伯解决问题，劝他们不再争吵呢？

2. 教师介绍任务及规则：两位伯伯我来劝。

（1）以小组为单位进行角色扮演，组员分别扮演老宋、老李、劝说人。

（2）劝说人使用句式“我们是……应该……不应该……”进行劝说。

（3）音量为“2”，时长10分钟。

（4）遵守合作学习约定：“分工明确”。

分工明确	
该怎么做？	该怎么说？
相互讨论、确认	组员：我想扮演…… 组长：你可以扮演……吗？

3. 教师示范如何劝说。

【提示】示范时，教师应有意识地使用完整的语言，比如“两位伯伯，我们是住在一个村里的邻居，应该……不应该……”同时，充分运用肢体、表情演绎，调动学生积极性。

4. 教师组织小组分工和排练。

【提示】教师可根据实际情况进行分工，如1人扮演老宋、1人扮演老李，1人或多人共同扮演劝说人，保证每位小组成员充分参与。

5. 根据实际时间，教师可邀请2～3组上台表演，并予以点评。

【提示】可从学生的音量、语气、肢体和表达流畅度等方面进行点评。

6. 思考与互动。

（1）什么是邻居？

（2）邻居之间应该如何相处？

（3）平常见到村里邻居，我们可以怎么做？

（4）“邻里友好靠大家”是什么意思？

7. 教师总结：“邻居”，就是和我们生活在一个村子里、住在我们附近的人。一家人生活在一起会有冲突和不愉快，村里邻居相处难免也会有些小矛盾，这时大家应该相互包容、谦让，多为对方着想，主动帮助他人。每个人都应该为营造一个友好、和睦的邻里氛围作出贡献，这样才能有良好的居住环境。平常见到邻居家的叔叔阿姨、爷爷奶奶，我们应该微笑问好，主动帮忙，做一个有礼貌的热心助人的孩子。

环节五：本节课总结（5分钟）

1. 教师总结今日所学。

2. 教师组织学生填写“探索手册”中对应课程的“今日收获”。

六、参考板书

今日主题：邻里友好靠大家　　日　期：　　年　月　日

邻里关系：相互包容、多为对方着想、主动帮助他人……

每个人都要为和睦的邻里关系做出贡献

第5课 山村环境我守护（2课时）

一、教学目标

1. 通过观察图片、观看视频，学生能认识到乱堆放垃圾和不恰当地处理垃圾，会破坏生活环境，影响身体健康。

2. 通过观看视频、小组讨论等，学生掌握简单的垃圾分类方法，能对生活中的常见垃圾进行分类。

二、教学重难点

1. 教学重点：学生掌握简单的垃圾分类方法。

2. 教学难点：学生理解垃圾乱堆放会影响个人卫生和健康，破坏人居环境。

三、教学建议

通过直观的视频和图片，教师帮助学生更形象地理解垃圾的危害和分类方法。

四、教学准备

1. 图片：村里各处（村民房前屋后或田间地头）未处理的垃圾堆、垃圾箱等。

2. 视频：《为什么要垃圾分类》[1]《垃圾分类》[2]。

五、教学内容

本次课共6个环节，分别是“上节课回顾”“垃圾乱堆引争吵”“垃圾危害我知道”“我给垃圾分分类”“我给伯伯出主意”“本节课总结”，课程时长80分钟（2课时）。

1 网络搜索关键词“猫小帅十万个为什么 为什么要垃圾分类”即可获得。

2 网络搜索关键词“宝宝巴士 垃圾分类”即可获得。

环节一：上节课回顾（5分钟）

1. 齐诵《乡土开课辞》。

2. 教师组织学生回顾课堂规则。

3. 教师组织学生回顾上节课主要内容。

环节二：垃圾乱堆引争吵（15分钟）

（一）目标

通过模拟情境，学生产生对解决垃圾问题的兴趣。

（二）步骤

1. 教师引入：上节课，我们刚解决了一头牛引起的矛盾，今天村里又有人吵架了。发生了什么事？

村里有两户人家，老陈家和老张家，有一天老张伯伯和老陈伯伯在吵架，怎么回事呢？

原来，老陈伯伯家门前不远处有一个垃圾堆，村里很多人都把垃圾扔在那里。垃圾堆里啥都有，建筑废料、废电池、塑料，还有瓜果皮骨头渣……臭气熏人，苍蝇成群。垃圾堆得多了，就有人点火烧垃圾，浓烟顺着风飘进了老陈伯伯家。

老陈向村里说了好几次，县城里也来了垃圾车清理垃圾，但过不了几天，又成了老样子。

有一天清晨，老陈一出门，便看到老张正把一大麻袋垃圾往垃圾堆里扔。老陈气冲冲地找老张理论，两人争吵起来。

老陈："我刚清理了这堆垃圾，你又来丢！"

老张："大家都往这里扔垃圾，又不是只有我一个人！"

老陈："这些垃圾没有人处理，夏天很臭，大家还喜欢烧垃圾，不仅污染环境，燃烧的气体还会危害身体健康，我家受到严重影响……"

2. 思考与互动。

（1）吵架的两人是谁？

（2）两人为什么争吵？

（3）你和同学刚好路过，看见两位伯伯在争吵。你们能帮他们解决问题，让他们不再争吵吗？

环节三：垃圾危害我知道（20分钟）

（一）目标

学生能说出垃圾的危害，初步理解垃圾分类处理的重要性。

（二）步骤

1. 教师引入：两位伯伯是因为垃圾的问题争吵，那同学们在村里看到过垃圾、垃圾堆吗？它们在哪里？平常是怎样的？

2. 教师出示：村里的垃圾堆、垃圾箱图片。

3. 思考与互动。

（1）你们家的垃圾都怎么处理的？

（2）为什么老陈伯伯对垃圾堆放和焚烧意见这么大？

4. 教师播放视频：《为什么要垃圾分类》。

5. 思考与互动：垃圾堆放、填埋、焚烧对环境和人的健康有什么影响？

6. 教师出示：垃圾乱堆放和焚烧垃圾的图片。

7. 教师小结：乱堆放垃圾，会破坏我们家乡美丽的环境。堆埋在地里的有害垃圾，会污染水源和土壤，污染田里的农作物，如果我们吃了长在受污染的田地里的农作物、喝了有毒的水，也会影响身体健康。

8. 思考与互动：垃圾的危害这么大，我们能做些什么？

9. 教师总结：在生活中，我们应该尽量减少垃圾的产生。同时，对垃圾进行分类，回收利用一部分垃圾，对有害垃圾进行科学处理，保护自然环境！

环节四：我给垃圾分分类（15分钟）

（一）目标

通过观看视频和教师讲解，学生了解四类垃圾的分类方法，并小组讨论，尝试进行垃圾分类。

（二）步骤

1. 教师引入：现在，为了让我们有干净整洁的生活环境，我们国家大力倡导垃圾分类。因为，垃圾是放错位置的资源，如果把垃圾分类处理，放对位置，它们能发挥很大的作用。让我们看看垃圾要怎么分类吧！

2. 教师播放视频：《垃圾分类》。

3. 思考与互动：垃圾可以分为几类？这几类垃圾对应的垃圾桶是什么颜色的？常见的生活垃圾应该扔进什么颜色的垃圾桶？

【提示】垃圾一般分成四大类：可回收垃圾、厨余垃圾、有害垃圾、其他垃圾。

4. 教师介绍任务及规则：我给垃圾分分类。

（1）以小组为单位，讨论把不同垃圾放入合适的垃圾桶中。

（2）音量为“2”，时长 10 分钟。

（3）遵守合作学习约定：“轮流发言”“专注倾听”。

轮流发言	
该怎么做？	该怎么说？
一次只有一个人发言	组员：我认为玻璃瓶应该放到其他垃圾桶里 组长：轮到你发言了
专注倾听	
该怎么做？	该怎么说？
①看着发言的人，微笑或点头表示听懂 ②不打断别人的发言	—（保持音量为“0”）

5. 教师示范并组织讨论。

6. 教师总结：垃圾一般可以分成四大类：可回收垃圾、厨余垃圾、有害垃圾、其他垃圾。在村里，厨余垃圾一般直接给猪鸡鸭吃，或者用作肥料；可回收垃圾收集起来后可以卖掉；用完的电池等有害垃圾不要随便扔，会污染田地，可以积攒起来，和其他垃圾一起交给垃圾清运车。

环节五：我给伯伯出主意（20分钟）

（一）目标

通过小组合作，学生能运用所学，对两位伯伯进行劝说。

（二）步骤

1. 教师介绍任务及规则：我给伯伯出主意。

（1）以小组为单位进行角色模拟扮演，组员分别扮演老陈、老张、劝说人。

（2）劝说人要结合今日所学的有关垃圾的知识进行劝说。

（3）音量为“2”，时长 10 分钟。

（4）遵守合作学习约定：“分工明确”。

2. 教师示范：劝说和讲解。

【提示】教师可以给予完整的语言示范，比如“两位伯伯不要吵了，垃圾乱丢乱放，确实危害大，会污染环境，还会影响我们的身体健康。我们可以请村里人进行垃圾分类……”

3. 教师组织各小组讨论分工、排练。

4. 教师组织各小组轮流上台表演他们如何劝说伯伯们。

【提示】

①分享展示的小组数视时间决定。

②教师可引导学生从表演同学的音量、动作、语气、表达是否流畅、表演是否真实和劝说是否准确等方面进行点评。

5. 思考与互动。

（1）垃圾不分类，会有什么危害？

（2）用自己的话说一说“山村环境靠大家”是什么意思？

6. 教师总结：垃圾乱堆放和焚烧不仅会破坏美丽的山村环境，还会影响人的身体健康。我们在生活中应该做到：尽量不使用一次性物品，减少垃圾的产生，不随手乱扔垃圾、对垃圾进行分类，正确地处理它们。让我们为村庄环境的干净整洁贡献一份力吧！

环节六：本节课总结（5分钟）

1. 教师总结今日所学。

2. 教师组织学生填写“探索手册”中对应课程的“今日收获”。

六、参考板书

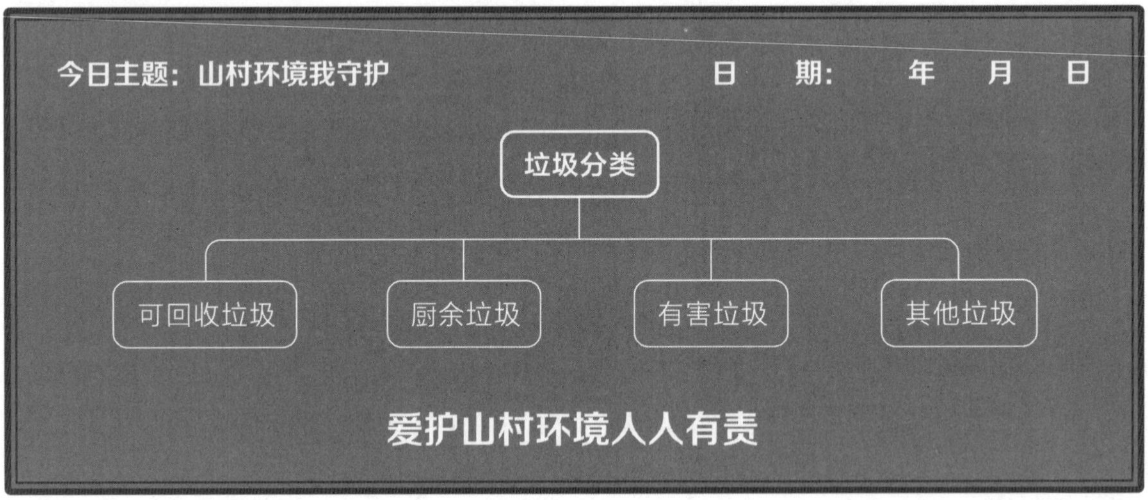

第6课 美丽山村诗歌颂（2课时）

一、教学目标

1. 通过教师示范，学生能结合所学写一首以“美丽山村我的家”为主题的小诗。

2. 通过教师示范，学生能绘制三级主题单元“气泡图”，并用不同颜色区分课堂主题。

3. 通过使用“我的单元成长档案”，学生对自己和同组伙伴的学习表现进行评价，反思个人表现和成长。

二、教学重难点

1. 教学重点：学生能在教师引导下，绘制出单元“气泡图”。

2. 教学难点：学生能创作一首关于家乡的小诗。

三、教学建议

1. 教师对前期所学内容给予充分引导。

2. 教师应给学生提供多种简单易读的诗歌范例。

3. 如果学生有不会写的字，教师可以鼓励其使用拼音，或主动帮忙记录下来。

四、教学准备

1. 示范短诗：教师自创以“美丽山村我的家”为题的短诗2～3首，引导学生创作。

2. 绘画工具：彩笔，每组1～2盒。

五、教学内容

本次课共4个环节，分别是“上节课回顾”“学做小诗人”“共绘单元‘气泡图’”“我的单元成长档案”，课程时长 80 分钟（2 课时）。

环节一：上节课回顾（5分钟）

1. 齐诵《乡土开课辞》。

2. 教师组织学生回顾课堂规则。

3. 教师组织学生回顾上节课主要内容。

环节二：学做小诗人（35分钟）

（一）目标

引导结合所学，学生能写一首包含 3 ~ 4 句话的小诗。

（二）步骤

1. 教师引入：同学们，作为村庄大家庭的一员，你对咱们村了解多少？你能回答下面的问题吗？

2. 思考与互动。

（1）我们家所在的村叫什么名字？它坐落在哪里？

（2）我们村美不美？

（3）村民之间的关系怎么样？在这里生活开心吗？

（4）请用自己的话说一说“美丽山村我的家”是什么意思？

（5）作为小学生的我们，可以为建设美丽山村做些什么？

【提示】教师鼓励学生自由表达。

3. 教师介绍任务及规则：学做小诗人。

（1）创作一首题为《美丽山村我的家》的短诗赞美美丽的山村。

（2）打开“探索手册”想一想，可以在空格中填写什么内容呢？

4. 教师示范创作小诗《美丽山村我的家》。

春风暖，花满村；家乡美食香又甜；

邻里和，心相连；美丽山村好家园。

5. 教师组织学生创作并进行分享。

6. 教师总结：我们生活的村子就是我们的家乡，它是我们村里人共同的大“家”。我们的家乡既有美丽的景色，也有多样的美食。家乡的美丽和谐，需要每个人用心维护。我们要互帮互助，互敬互爱，耐心沟通，减少摩擦和争吵；爱护环境，不乱扔垃圾，做好垃圾分类，努力保护我们美丽的家乡。

环节三：共绘单元“气泡图”（20分钟）

（一）目标

通过教师示范，学生能用“气泡图”梳理本单元内容，回顾单元所学。

（二）步骤

1. 教师引入：本单元，我们通过多次的体验和学习，感受了家乡之美，也学习了与邻里之间正确的相处方法，大家一定收获满满吧！接下来，我们一起绘制单元“气泡图”回顾单元所学吧！

2. 教师组织学生绘制单元“气泡图”[1]。

【提示】教师带一年级学生绘制的单元“气泡图”需要包含三级，即单元主题、课堂主题和课堂主要活动。具体可以参考电子课件中的三级“气泡图”示范。

环节四：我的单元成长档案（20分钟）

（一）目标

在教师的指导下，学生填写“我的单元成长档案”进行自我评价和小组互评。

（二）步骤

1. 教师引入：现在，我们完成了乡土课“美丽山村我的家”单元的学习，同学们在乡土课的学习中做得怎么样呢？我们一起来评一评吧！

2. 教师组织填写“我的单元成长档案”[2]。

【提示】教师巡场计时，观察学生小组互评进度与合作情况，适时适度介入；对学生做得好的地方进行具体鼓励，并明确指出可以做得更好的地方（不宜太多，可以挑选 1 ~ 2 条作为重点改进目标）。考虑到课堂时间，教师可以找其他时间带领学生完成本步骤。

六、参考板书

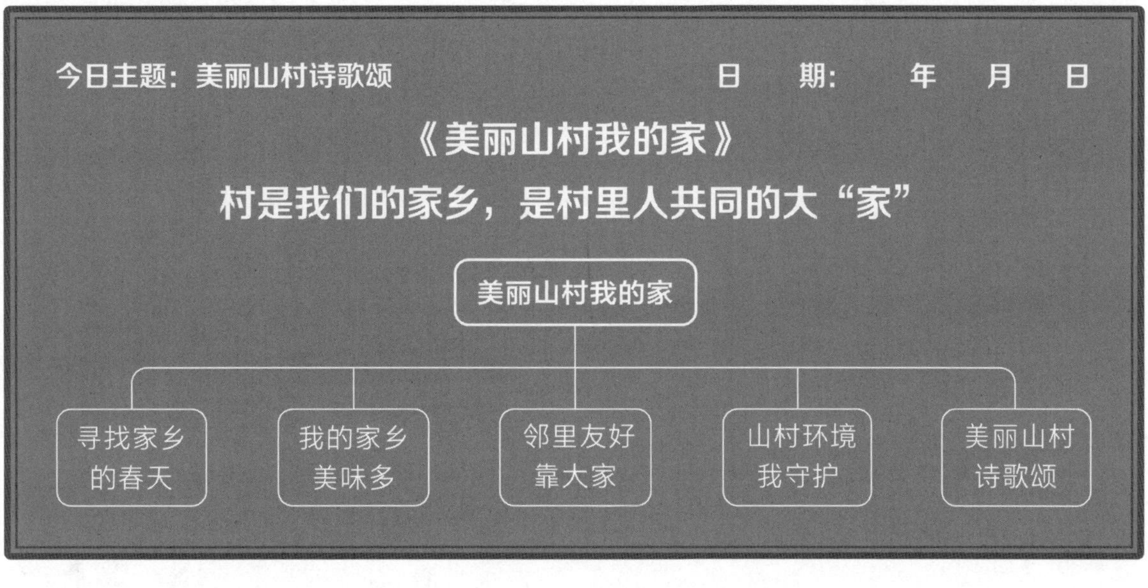

1 “气泡图”的绘制方法，可参考“‘家宴美食’秀”，见本书第 37 页。

2 “我的单元成长档案”的填写方法，可参考“画画我的家庭树”，见本书第 18 页。

第二单元
我用行动爱家乡

一、单元设计思路

“我用行动爱家乡”是“大山·家”主题下学期的第二个单元，属于“创造与行动”部分。在上一个单元“美丽山村我的家”中，通过认识家乡美景和美食、学习如何处理邻里关系以及如何让家乡环境变得整洁，学生初步建立起对家乡的正向认识，并具备了初步的社会责任意识。在此基础上，本单元学生将通过实际行动来表达对家乡的热爱和支持，进一步增强对家乡的认同感。

本单元第一课“我用画笔绘家乡”，学生用色彩呈现家乡的美，表达对家乡的喜爱；第二次课“我用行动爱家乡”，学生将开展“爱家乡”和“护家乡”的实际行动，努力为家乡做出自己的贡献，进一步提升对家乡的责任意识。

二、单元跨学科设计

本单元涉及美术、综合实践、语文三门学科。

三、单元目标

（一）沟通合作

学生愿意参加讨论，能在讨论中遵守“轮流发言”“专注倾听”的合作学习约定。

（二）审美情趣

1. 学生能用画笔描绘家乡美。
2. 学生能欣赏其他同学的作品，能用简短的话对作品做出评价。

（三）乡土认同

通过参与主题绘画和“用行动爱家乡”的活动，学生们表达对家乡的喜爱和支持，进一步增强对家乡的认同感。

（四）社会责任

学生能提出让家乡更加美好的行动建议，且能将行动建议付诸行动。

（五）自信分享

学生能遵守分享规则，自信地分享自己的作品、观点。

（六）乐学善学

学生能填写简单的“行动计划方案”，为开展“爱护家乡”行动做准备。

四、单元课程目录

第 7 课　我用画笔绘家乡（2 课时）

第 8 课　我用行动爱家乡（2 课时）

第 7 课 我用画笔绘家乡（2 课时）

一、教学目标

1. 通过对家乡的观察，参考示范画，学生能画出家乡某一方面的美。

2. 通过“家乡美景欣赏会”活动，学生能欣赏他人的作品，对他人作品做出简单、直观、感性的评价。

二、教学重难点

学生能用画笔描绘家乡的美景。

三、教学建议

1. 教学活动中，教师可进行适当引导：比如用一些形状表现自然事物。

2. 组织学生创作时，教师可引导学生参考“探索手册”上的简笔画。

四、教学准备

1. 照片：学校所在地的美景图（教师可提前拍摄，放入电子课件）。

2. 示范画：以“家乡”为主题的示范儿童画[1]。

3. 工具：彩笔，每组 1 ~ 2 盒。

五、教学内容

本次课共 4 个环节，分别是“上节课回顾”“我用画笔绘家乡”“共赏家乡美”“本节课总结”，课程时长 80 分钟（2 课时）。

1　网络搜索关键词“家乡美　儿童画”即可获得。

环节一：上节课回顾（5分钟）

1. 齐诵《乡土开课辞》。

2. 教师组织学生回顾课堂规则。

3. 教师组织学生回顾上节课主要内容。

环节二：我用画笔绘家乡（35分钟）

（一）目标

在教师示范和引导下，学生能用画笔描绘家乡美。

（二）步骤

1. 教师引入：同学们，经过一段时间的学习，你发现我们家乡的美了吗？我们的家乡就像一个大大的宝库，蕴藏着非常多的美好。我们的家乡风景美、美食多、乡亲们相处和谐。这里有一层层高低错落的梯田、一块块整整齐齐的土地、一个个勤劳善良的人，还有各式各样的房屋……今天，就让我们用画笔把这些美好的人、美好的事物画出来吧！

2. 教师介绍任务及规则：我用画笔绘家乡。

（1）用画笔画出你眼中的家乡美。

（2）家乡美包括家乡美景、美食、房子、环境、邻里关系等内容。

（3）先用铅笔在“探索手册”上轻轻地勾画出整个画面的轮廓，确定画好了，再把颜色涂满。

（4）音量为“1”，时长30分钟。

3. 教师出示：以“家乡美”为主题的儿童示范画。

【提示】教师在介绍示范画时，可以引导学生观察示范画里有哪些要素，用了哪些颜色，表现了哪些内容。

4. 教师组织学生创作。

（1）会绘画的教师可以现场带学生画。

（2）不会画的教师，可以播放简笔画的教学视频供学生参考。

（3）教师可简单指导：用形状表现家乡美景事物，比如用线条表现山、小河、白云，用三角形和圆形表现花朵，用长方形表现房屋……

（4）参考“探索手册”上常见自然事物的简笔画。

环节三：共赏家乡美（35分钟）

（一）目标

在教师引导下，学生能在小组内相互欣赏他人的作品。

（二）步骤

1. 教师引入：老师发现同学们都有自己独特的眼光，从不同的角度画出了我们家乡的美。现在，就让我们在小组内欣赏一下彼此的作品吧！

2. 教师介绍任务及规则：家乡美景欣赏会。

（1）组长选定一位同学先介绍自己的作品。

（2）其他同学欣赏这位同学的作品，并给予评价。

（3）可以从色彩、内容、画面整洁等方面进行评价。

（4）音量为“2”，时长 15 分钟。

（5）遵守合作学习约定：“轮流发言”。

轮流发言	
该怎么做？	该怎么说？
①一位同学先分享作品 ②其他同学给予评价	①大家好，接下来由我分享作品。我画的是…… ②我觉得你的作品色彩很丰富 ③我觉得你画的家乡非常美

3. 教师示范：教师走到一个小组前，扮演组员评价他人作品“我觉得你的作品色彩很丰富，你画的家乡非常美”。

4. 教师组织学生开展组内分享和相互欣赏任务。

【提示】如果时间充裕，教师可邀请几名同学或请各组选派 1 ～ 2 个同学向全班同学展示分享他们的作品。

5. 思考与互动：你喜欢我们的家乡吗？

6. 教师总结：我们的家乡有很多美好的事物。有美丽的风景，比如漫山遍野的绿树，烂漫的山花；有友好的乡邻、干净整洁的环境、漂亮的房屋；还有特色的美味，比如折耳根、樱桃、粑粑、米粉、米皮。最重要的是，我们家乡的人们都很过得开心，像一个大家庭。相信大家都很喜欢我们的家乡。老师也和大家一样，非常喜欢我们的家乡。

环节四：本节课总结（5分钟）

1. 教师总结今日所学。

2. 教师组织学生填写“探索手册”中对应课程的“今日收获”。

六、参考板书

今日主题：我用画笔绘家乡　　　　　日　期：　　年　月　日

家乡美：风景美、美食多、干净整洁、
邻里和谐、村民快乐……

第8课 我用行动爱家乡（2课时）

一、教学目标

1. 通过小组讨论，学生能提出多种“爱家乡”“护家乡”的具体行动。

2. 通过小组讨论，学生能讨论出简单的“爱家乡”“护家乡”的行动方案。

二、教学重难点

1. 教学重点：学生提出“爱家乡”“护家乡”的具体行动。

2. 教学难点：学生能讨论出“爱家乡”“护家乡”行动方案的细节，如能列出行动需要的物资、要做的工作等。

三、教学建议

教师对学生进行引导，并提供补充内容的建议。

四、教学准备

教师可以提前了解“行动方案”的含义，并思考学生能够实施哪些切实可行的“爱家乡”“护家乡”的行动，以便更好地引导学生将这些行动付诸实践。

五、教学内容

本次课共4个环节，分别是“上节课回顾”“爱护家乡，行动起来”“行动方案我会写”“本节课总结”，课程时长80分钟（2课时）。

环节一：上节课回顾（5分钟）

1. 齐诵《乡土开课辞》。

2. 教师组织学生回顾课堂规则。

3. 教师组织学生回顾上节课主要内容。

环节二：爱护家乡，行动起来（35分钟）

（一）目标

在教师引导下，学生能提出多种“爱家乡”“护家乡”的行动。

（二）步骤

1. 教师引入：同学们上节课我们画了家乡的山、水、房子，还有好吃的美食……表达了我们对家乡的喜欢。这节课，我们要通过行动来爱家乡，也就是我们要通过做事情表达我们对家乡的热爱。大家想不想让我们的家乡变得更好啊？想不想为家乡变得更美好去做一点事情呢？比如让环境更干净美好，让人们都更加开心？虽然我们还只是小学生，但为了让家乡变美好，我们是能做很多力所能及的事的，我们也是有智慧有办法的。

我们可以做什么呢？我们可以到村子里去捡拾路边的垃圾，让我们村庄的环境更干净整洁；还可以去给村里的爷爷奶奶讲故事，表演节目，让他们开心快乐……这次课，我们就一起讨论一下，看看大家都有什么好主意。我们会在接下来的课程里，一起把这些好主意落实到实际的行动中。

2. 教师介绍任务及规则：爱护家乡，行动起来。

（1）小组讨论，作为小学生，可以做哪些爱护家乡的行动。

（2）行动建议：到村里捡垃圾，让村里环境更美好；去向村民讲述《六尺巷》的故事，更好地处理邻里关系；给村里的爷爷奶奶表演节目，让他们开心。

（3）音量为“2”，时长15分钟。

（4）遵守合作学习约定：“轮流发言”“专注倾听”。

<table>
<tr><th colspan="2">轮流发言</th></tr>
<tr><th>该怎么做？</th><th>该怎么说？</th></tr>
<tr><td>一次只有一个人发言</td><td>①我认为我们可以到村里宣传垃圾分类
②我认为我们可以拍摄家乡的美丽风景，并将它们上传到网上，与更多人分享</td></tr>
<tr><th colspan="2">专注倾听</th></tr>
<tr><th>该怎么做？</th><th>该怎么说？</th></tr>
<tr><td>①看着发言的人，微笑或点头表示听懂
②不打断别人的发言</td><td>—（保持音量为“0”）</td></tr>
</table>

3. 教师示范：教师走到一个小组前，扮演组员“我认为我们可以拍摄家乡的美丽风景，并将它们上传到网上，与更多人分享”“我们可以到村里捡拾垃圾，让村庄环境更美丽”。

4. 教师组织小组开展讨论。

5. 教师组织小组代表分享本组结论。

6. 教师总结：通过一起动脑筋、想办法，原来我们可以做这么多的事情去表达对家乡的爱呢！

环节三：行动方案我会写（35分钟）

（一）目标

学生初步了解什么是“行动方案”，能在“探索手册”上填写简单的行动方案内容。

（二）步骤

1. 教师引入：老师非常期待同学们可以将这些想法付诸行动。可是，我们要怎么去做呢？如果要去捡垃圾，需要准备什么呢？所以，在行动之前，需要制订一个“行动方案”。写清楚我们要开展什么活动，开展几次，去什么地方，每个人做什么，需要准备什么，需要哪些工具和材料等等。接下来，就请每个小组来讨论这些内容，把它们写下来，就是我们的“行动方案”。

2. 教师介绍任务及规则：“行动方案”我会写。

（1）小组从刚才讨论的事情中选择一项可以集体开展的行动，比如小组一起到村里捡垃圾或者向其他同学或村民宣传《六尺巷》的故事。

（2）在“探索手册”上填写行动名称、行动次数、需要的工具或材料。

（3）音量为“2”，时长 15 分钟。

（4）遵守合作学习约定：“轮流发言”“举手表决”。

轮流发言	
该怎么做？	该怎么说？
一次只有一个人发言	①我建议到村里捡拾垃圾，让我们的家乡环境更美丽 ②我建议两周开展一次 ③我们需要准备大的垃圾袋、扫把、铲子、火钳
举手表决	
该怎么做？	该怎么说？
①同意举手 ②不同意则不举手	①我同意，我举手 ②我不同意，我不举手

3. 教师示范：教师走到一个小组前，扮演组员“我建议每个小组到不同的年级介绍垃圾分类，让我们家乡环境更美丽”“我建议开展一次”“我们需要准备关于垃圾分类的海报，还需要老师帮忙和其他班主任确定时间”。

4. 教师介绍“探索手册”中的填写内容。

5. 教师组织小组开展讨论。

6. 教师组织小组代表分享结论。

【提示】每个小组分享结束后，教师要针对学生们的行动计划提出补充建议，如为了保证行动成功，还需要准备哪些事项或物资，是否需要老师帮助联系村里的人，是否要开展小组分工等。

7. 教师组织学生完善“探索手册”中的内容。

8. 教师总结：在今天的课程中，同学们表现得非常棒，提出了许多富有创意的爱护家乡的行动方案。每个小组都精心挑选了一种行动，老师期待看到同学们在接下来的课程中将这些行动落实下来，一一实现。让我们一起努力，让我们的家乡因为我们的行动变得更加美好！

【提示】

①课程时间有限，教师需另外安排时间组织学生开展“爱护家乡”的行动。

②在行动之前，教师需带领学生进一步完善行动方案，一步步引导学生把活动考虑周全。比如要不要画海报，要不要进行分工，要不要进行外出安全演练等。待所有事项准备完成，教师方可组织学生外出开展实践活动。

③行动之前，教师需要根据学生行动方案中的准备事项来准备相应物资。

④行动结束后，教师要及时组织学生进行总结，让学生分享自己的感受，说说活动中哪些地方、哪些同学做得好，哪些地方存在问题等，教师要对学生的思考和成长给予肯定和鼓励，并提出进一步的期待：希望同学们牢记自己是村庄这个家庭的一员，要继续为家乡的美好做贡献。

环节四：本节课总结（5分钟）

1. 教师总结今日所学。

2. 教师组织学生填写“探索手册”中对应课程的“今日收获”。

六、参考板书

今日主题：我用行动爱家乡　　日　期：　年　月　日

爱家乡：对家乡的热爱和关怀

第 三 单 元
家是最小国，国是千万家

一、单元设计思路

“家是最小国，国是千万家”是“大山·家”主题下学期的最后一个单元，既是总结也是对前期所学内容的升华。通过今昔照片的对比和学唱《国家》这首歌曲，学生再次认识家和家乡（村庄），认识到家和家乡的发展变化都源于祖国的强大。最后教师引导学生回忆学期所学，用三级“气泡图”梳理学期内容，并通过填写“我的学期成长档案”总结个人和小组成长情况，完成本学期学习。

二、单元跨学科设计

本单元课程涉及语文、音乐、综合实践三门学科。

三、单元目标

乐学善学

1. 学生能绘制三级主题学期“气泡图”。
2. 学生能通过填写“我的学期成长档案”进行自我评价和小组互评。

四、单元课程目录

第 9 课　歌唱我的家和国（2 课时）

第9课 歌唱我的家和国（2课时）

一、教学目标

1. 通过照片对比与教师引导，学生感受家乡的发展变化，体会“国”与“家”“家乡”的紧密关联。
2. 通过跟唱视频，学生学唱歌曲《国家》，将对家和家乡的感情进一步升华至朴素的爱国之情。
3. 回忆学期所学，学生能绘制含有学期核心主题、单元主题和课堂主题的学期“气泡图”。
4. 通过使用“我的学期成长档案”，学生对自己和组员的学习表现进行评价。

二、教学重难点

1. 教学重点：学生能绘制学期“气泡图”。
2. 教学难点：学生学会唱歌曲《国家》，能把对家和村庄（家乡）的感情升华至朴素的爱国之情。

三、教学建议

1. 教师提前准备好歌曲，邀请学校音乐老师授课。
2. 教师请学生跟着歌曲哼唱。
3. 教师日常多播放这首歌曲，让学生潜移默化地跟唱。

四、教学准备

1. 照片：当地的旧照片和现在的照片，本学年精彩的课堂照片和作品照片。
2. 歌曲视频：《国家》[1]。
3. 工具：彩笔，每组1～2盒。

1 网络搜索关键词“国家 成龙”即可获得。

五、教学内容

本节课共 5 个环节，分别是“上节课回顾”“家乡今昔变化多”“歌唱我的家和国”“共绘学期‘气泡图’”“我的学期成长档案”，课程时长 80 分钟（2 课时）。

环节一：上节课回顾（5分钟）

1. 齐诵《乡土开课辞》。

2. 教师组织学生回顾课堂规则。

3. 教师组织学生回顾上节课主要内容。

环节二：家乡今昔变化多（10分钟）

（一）目标

学生能通过照片对比，感受家乡的发展变迁。

（二）步骤

1. 教师引入：上节课，同学们说我们的家乡很美，我们都爱我们的家乡。那你们知道我们家乡以前是什么样吗？我们的道路、房子还有家庭，以前是什么样的？请看照片。

2. 教师出示：家乡今昔对比照片。

3. 思考与互动：请仔细观察，你发现家乡发生了什么变化？

4. 教师总结：我们的家乡位于贵州高原山区，在很长的时间里，这里交通不便，百姓生活贫穷。但在过去的几十年间，家乡的面貌、生活都发生了翻天覆地的变化。村里有了宽敞的水泥路，村民们住进了多层的砖瓦房，我们餐桌上的食物，也变得比过去丰盛了……

环节三：歌唱我的家和国（25分钟）

（一）目标

学唱歌曲《国家》，进一步激发学生对“家”“国”的理解和热爱。

（二）步骤

1. 教师引入：为什么家乡的面貌、家乡人的生活会发生这么大的变化？

【提示】鼓励学生自由表达。

2. 教师小结：家乡的发展，离不开每一位家乡人的勤奋努力，也离不开亲爱的祖国——中国。我们都爱自己的小家，也喜欢我们生活的家乡。而祖国，是我们所有人的“大家”。如果没有国家的和平、富强、繁荣，我们也不会有今天幸福的生活。接下来，我们来学一首歌，听听歌里怎么说。

3. 教师播放：歌曲视频《国家》。

4. 思考与互动。

（1）如何理解“都说国很大，其实一个家”？

（2）如何理解“家是最小国，国是千万家”？

【提示】教师可鼓励学生自由表达。

5. 教师总结：我们的祖国——中国，幅员辽阔，国土面积有960万平方公里；人口众多，我们有56个民族，大家都是中国人，是一家人。家是家乡的一部分，家乡是国家的一部分。国家，由千千万万个小家庭组成。国家的强大和稳定，是家乡繁荣的基础；家乡的温暖与传承，是家幸福的源泉。

6. 教师组织学生学唱歌曲《国家》。

（1）先听一遍歌曲。

（2）教师带读歌词。

（3）再播放两遍歌曲，请学生尝试跟唱，并跟着视频学习动作。

（4）若条件允许，教师可打节拍一句一句领唱。

环节四：共绘学期“气泡图”（20分钟）

（一）目标

通过回忆学期所学，学生用“气泡图”的形式呈现“大山·家”主题下学期内容。

（二）步骤

1. 教师引入：学完《国家》这首歌，我们“大山·家”主题下学期的学习就结束了，我们这个学期的乡土课都学了哪些内容，做了哪些活动呢？

2. 教师出示：课堂照片和学生作品照片。

3. 教师组织学生绘制“大山·家”主题下学期的学期“气泡图”[1]。

【提示】教师带一年级学生绘制的学期“气泡图”需要包含三级，即学期主题、单元主题和课堂主题。具体可以参考电子课件中的三级“气泡图”示范。关于课堂具体所学内容和开展的活动，请学生翻阅“探索手册”。

【教师引导参考】

①我们的家在哪里？

②我们从小生活、家人祖辈生活的地方，叫作什么？

③我们家乡有什么？

④作为小学生，我们可以为我们的家人做什么？

⑤作为小学生，我们可以为我们美丽的家乡做什么？

⑥请说说你对家的理解。

⑦你爱你的家和家乡吗？

1 “气泡图”的绘制方法，可参考“‘美食家宴’秀”，本书第37页。

环节五：我的学期成长档案（20分钟）

（一）目标

在教师的指导下，学生填写“我的学期成长档案”进行自我评价和小组互评。

（二）步骤

1. 教师引入：现在，我们完成了乡土课“大山 · 家”主题下学期的学习，同学们在乡土课的学习中做得怎么样呢？我们一起来评一评吧！

2. 教师组织学生填写“我的学期成长档案”[1]。

3. 教师可结合实际情况，组织学生分享学期个人成长情况。

4. 教师组织各小组，遵守“轮流发言”的合作学习约定，互相表达感谢。感谢这个学期，彼此之间的支持与帮助。

【提示】如果课上时间紧张，教师可另行安排时间，组织学生开展总结评价。以便让学生看到自己和他人的进步和成长。

六、参考板书

今日主题：歌唱我的家和国　　日　期：　年　月　日

家、家庭——家乡——国家

家是最小国　国是千万家

七、气泡图

本“气泡图”仅展示了学期内容框架，教师带领学生绘制“气泡图”时，可参考电子课件中的“气泡图”范例。

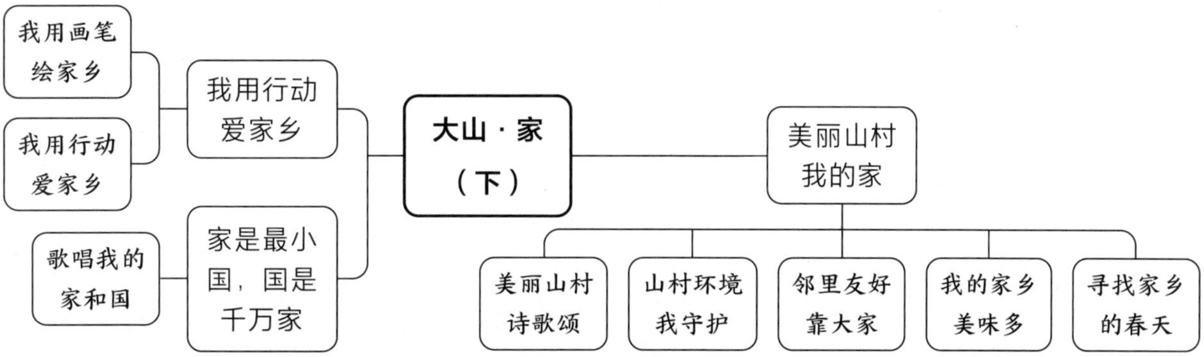

1　“我的学期成长档案”的填写方法，可参考“画画我的家庭树”，见本书第 18 页。

附录 1 ▌“大山·家”（下）教具清单

序号	对应课程	物品名称	单位	分配方式	使用说明
1	整个学期	《大山·家》（引导手册）	本	1 本 / 师	教师备课
2	整个学期	《大山·家（下）》（探索手册）	本	1 本 / 生	学生使用
3	整个学期	彩笔	盒	1 ~ 2 盒 / 组	绘画
4	整个学期	计时器	个	1 个 / 班	计时
5	乡土课再出发	自制分组卡片	套	根据实际需要准备	分组
6	第 2 课 我的家乡美味多（上）	当地美食及品尝美食工具	份	1 份 / 组	品尝美食
7	第 3 课 我的家乡美味多（下）	制作当地美食的材料和工具	份	1 份 / 组	制作美食

附录 2 | “大山 · 家”（下）学生学期评价量表

素养目标	评价标准			
	非常出色	再接再厉	努力加油	还需改进
自信分享	1. 愿意分享 2. 自觉遵守分享规则 3. 分享主题明确、内容清晰丰富	1. 愿意分享 2. 遵守分享规则 3. 分享主题明确、内容清晰	在教师引导下： 1. 愿意分享 2. 遵守分享规则 3. 能围绕主题分享	1. 不愿意分享 2. 不能遵守分享规则 3. 分享主题不明确、内容不清晰等
乡土认同	1. 对家乡事物充满了解的兴趣，比较熟悉家乡的人、事、物 2. 主动参与欣赏家乡美景、参与美食品尝与制作、体验友好的邻里生活等活动，并分享体验，表达对家乡的喜爱	1. 愿意接触和了解自己的家乡，为形成家乡认同奠定基础 2. 积极参与欣赏家乡美景、参与美食品尝与制作、体验友好的邻里生活等活动，表达对家乡的喜爱	在教师引导下： 1. 开始接触、了解自己的家乡 2. 参与欣赏家乡美景、参与美食品尝与制作、体验友好的邻里生活等活动并获得积极体验	对认识家乡人事物的活动，缺乏兴趣等
社会责任	1. 大多数情况，能自觉遵守各项规则 2. 能提出让家乡更加美好的多种行动建议，且能将行动建议付诸行动	1. 半数情况下，能遵守各项规则 2. 能提出让家乡更加美好的行动建议，能将行动建议付诸行动	在教师引导下： 1. 有遵守各项规则的意识 2. 能提出 1 ~ 2 点让家乡更加美好的行动建议，能和其他人一起参与行动	经教师多次提醒： 1. 无法遵守各项规则 2. 提不出建议，不能参与活动等
勇于探究	1. 对课堂主题表现出强烈的好奇心和探究兴趣 2. 能积极参与观察、探究活动	1. 对课堂主题表现出一定的好奇心和探究兴趣 2. 能较积极地参与观察、探究活动	在教师引导下，能参与课堂的探究活动	学生消极对待探究活动，不愿意尝试等
实践创新	能积极参与家乡美食制作的活动，掌握制作方法、流程和技巧	能参与家乡美食制作的活动，掌握制作技巧	能参与家乡美食制作的活动	消极对待体验活动，不愿意尝试等

（续表）

素养目标	评价标准			
	非常出色	再接再厉	努力加油	还需改进
乐学善学	1. 在大多数课堂中，能积极举手发言、参与活动，认真完成课堂任务 2. 能绘制层次完整、逻辑清晰、字迹工整的三级主题“气泡图” 3. 能认真完成“我的成长档案”，初步认识自己和组员的学习和行为表现	1. 半数课堂中，主动举手发言、参与活动，完成课堂任务 2. 能绘制完整、清晰的三级主题“气泡图” 3. 能完成“我的成长档案”，初步认识自己和组员的学习和行为表现	在教师引导下： 1. 能举手发言、参与活动，经教师提醒有改进 2. 能绘制三级主题“气泡图” 3. 能完成“我的成长档案”	1. 大部分课堂中，不积极参与，经常开小差等 2. 不能绘制三级主题“气泡图” 3. 不能完成“我的成长档案”
沟通合作	1. 能积极参加小组讨论 2. 能认真遵守“轮流发言”“专注倾听”“举手表决”等合作学习约定 3. 能围绕主题或任务，认真完成自己的分工	1. 大多数情况能积极参加小组讨论 2. 基本能遵守“轮流发言”“专注倾听”“举手表决”等合作学习约定 3. 能围绕主题或任务，认真完成自己的分工	1. 能有序参加小组讨论 2. 能围绕主题或任务，在他人帮助下，完成自己的分工	1. 消极对待小组任务 2. 不能遵守合作学习约定等
审美情趣	1. 能用简短的话或者词语欣赏他人作品 2. 创作的作品，主题鲜明、线条流畅、轮廓清晰、色彩协调、作品内容丰富、画面干净（任意达成 2 点即可）	1. 能欣赏他人作品 2. 创作的作品，主题鲜明、线条流畅、轮廓清晰、色彩协调、作品内容丰富、画面干净（任意达成 1 点即可）	1. 能有序参加欣赏他人作品的活动 2. 创作的作品符合主题	1. 愿意参加欣赏他人作品的活动 2. 消极对待创作活动，作品混乱，内容不清晰等

附录 3 | 合作学习约定汇总

本附录汇总了本手册出现的 7 条合作学习约定，供教师在实际的教学场景中参考。

举手表决	
该怎么做？	该怎么说？
①同意举手 ②不同意则不举手	①我同意我举手 ②我不同意我不举手
轮流发言	
该怎么做？	该怎么说？
一次只有一个人发言	①我认为…… ②轮到你发言了
专注倾听	
该怎么做？	该怎么说？
①看着发言的人，微笑或点头表示听懂 ②不打断别人的发言	—（保持音量为“0”）
分工明确	
该怎么做？	该怎么说？
听取组长的分工安排	我的分工是……
多方求助	
该怎么做？	该怎么说？
①接受帮助 ②按求助顺序求助：工具书→组员→组长→其他小组→老师	①可以帮帮我吗？ ②我需要协助
积极助人	
该怎么做？	该怎么说？
①帮助别人 ②相互交流	①你需要帮忙吗？ ②我来帮你！
达成共识	
该怎么做？	该怎么说？
①让组员充分发表意见 ②少数服从多数	①这张图片我们的结论是…… ②大家是否同意？

致谢

自 2018 年春季学期始，《大山·家》主题历经七载春秋，九次迭代更新，这本课程引导手册在贵州省遵义市正安县、务川仡佬族苗族自治县、黔西南布依族苗族自治州贞丰县、兴义市、毕节市七星关区等百余所乡村小学的沃土上进行了实践。

在此过程中，我们得到了来自社会各界的广泛支持与积极参与，对此，我们深感荣幸！在此，我们向所有支持者表达最深切的感激之情：

贵州省正安县田字格兴隆实验小学，作为乡土人本教育的实践典范与乡土课的摇篮，为我们提供了丰富的课程教学经验，是我们重要且宝贵的实践基地。

中国发展研究基金会为“乡土村小”项目学校实施乡土课提供了强有力的支持，为乡土教育的蓬勃发展注入了新活力。

贵州省正安县教育体育局、毕节市七星关区教育局、贞丰县教育局、兴义市教育局和务川仡佬族苗族自治县教育体育局等相关教育主管部门，多年来始终坚定不移地支持着乡土教育项目，为百余所乡村小学的一线教师顺利开展乡土课教学提供了坚实保障。这些一线教师在教学实践中积累的丰富经验，以及地方教育主管部门针对过往教学、教案、课堂反馈提出的宝贵意见与改进建议，不仅极大地推动了乡土课课程设计的持续精进与完善，更为成功编纂本套丛书奠定了坚实基础。

此外，北京师范大学郑新蓉教授为本书提供了宝贵的指导意见。

我们还要向所有为这套系列课程贡献力量的领导、专家、老师以及同行伙伴致以最诚挚的谢意。正是有了大家的共同努力和智慧，这套手册才能得以完善，更好地服务于乡村教育的实践和发展。

致谢名单

参与《大山·家》（引导手册）编写的伙伴：钟馨乐，毛静娴，张凡，田艳莉，侯杰昀，段和平，纪彪。

参与《大山·家》（探索手册）编写的伙伴：向春蕾，陈晓蕾，何晰。

参与《大山·家》课件制作和“引导手册”“探索手册”校对的伙伴：郑锐沙，王强，覃明，仲夏，陈贞蓉，夏文倩，王如达，黄丽群。